全粵語水滸傳

全粵語水滸傳

（音頻精選版）

原著　施耐庵

改編　李沛聰

繪畫　李卓言

商務印書館

序言

唔經唔覺，全粵語古典名著系列已經出到第三部——《全粵語水滸傳》。回憶起創作第一部《全粵語三國演義》時候嘅戰戰兢兢，到今時今日寫呢一部《水滸傳》，我對於寫作總算係嫻熟咗唔少。

《水滸傳》呢部作品，喺中國歷史上唔同嘅時期，有唔同嘅評價同待遇。一方面佢曾經被命名為《蕩寇誌》，以避免畀人話有煽動造反嘅嫌疑；另一方面，民間又有「少不讀水滸」嘅講法，坐實咗呢本書「教壞細路」嘅名聲。

亦都有一個時期，大家將《水滸傳》認定為讚頌革命鬥爭、宣揚農民起義嘅作品，令《水滸傳》受到好高嘅評價。

但無論咩時候都好，《水滸傳》裏面嗰啲英雄人物嘅故事，例如武松打虎、吳用智取生辰綱、魯提轄拳打鎮關西、林沖風雪山神廟等等，始終膾炙人口，得到大家嘅喜愛。

所以喺改編呢部作品嘅時候，我能夠做嘅唔係評價作品，而係儘可能將原著嘅故事同精神，都保留喺作品當中，令讀者自己去閱讀、感受同判斷。

我一直認為，一部好嘅小說最重要嘅就係可以精彩噉描述故事中嘅社會，同埋可以將複雜嘅人性刻畫得入木三分，無論美好定係醜惡。

《水滸傳》之所以被評為古典名著，除咗精彩嘅故事同人物之外，我覺得仲有一個好重要嘅原因，就係呢部作品非常真實噉講述咗北宋晚期嘅社會形態，有各種市井風情，亦有最普通老百姓生活中嘅各種悲同喜。《水滸傳》裏面嘅一百零八將，有好多都係富户同基層官吏出身，佢哋之所以被逼上梁山反抗腐朽嘅朝廷，替天行道，好大程度上就係因為當時各種嚴重嘅社會問題，令良民無法安身，令官吏不能立命。

當然，小說亦都如實描寫咗呢啲綠林好漢兇悍殘暴、濫殺無辜嘅一面，並冇單方面為佢哋講好説話。噉樣有血有肉、既有善亦有惡、形象豐滿嘅人物描寫，先令到故事可以引起讀者共鳴，令讀者更容易沉浸喺故事中，亦引起讀者對人性嘅思考。

正因為大家唔同時期對於《水滸傳》有唔同評價，所以《水滸傳》嘅版本亦都有好多個。但我細個嘅時候聽古仔，絕大部分版本就只係講到一零八將大聚義。事實上呢部分亦都係《水滸傳》最精彩，最為大眾所熟知嘅內容。

不過為咗保證作品嘅完整性，我仲係用咗一定嘅篇幅，將後面梁山泊眾人受招安，征遼、征田虎、征王慶同方腊，直到宋江畀毒死嘅故事講完，亦都令讀者能夠了解《水滸傳》嘅全貌。

至於講到「全粵語」呢件事，自從《全粵語三國演義》問世之後，已經成為呢一套書最大嘅特點同賣點之一。好多朋友都對於粵語文字書寫嘅小説好感興趣。事實上，近兩年唔單止大灣區，連全國上下都對粵語越來越感興趣，粵語嘅影響力有一定程度嘅提升，好多家長同學校亦都更注重教小朋友講粵語了，實在係值得高興嘅事。

我希望未來有更多用粵語文字書寫嘅書籍可以出版，令更多人可以領略粵語嘅魅力，亦都令粵語有更多傳播嘅工具。

仲有一件事值得一提，就係為本書繪畫插畫嘅青年畫家李卓言，繪畫水準喺幾年間都隨住呢套書嘅出版不斷成熟。今次佢為《全粵語水滸傳》繪畫嘅插畫更顯功力，亦更具中國傳統文化嘅味道，為本書增色不少。

最後要多謝每一位熱愛傳統文化，支持粵語文化嘅讀者，係你哋嘅支持令呢套書可以繼續出版，陸續有來。

李沛聰

二零二四年九月二十日

目 錄

1 第一回 太尉上山放妖魔
7 第二回 教頭離京巧收徒
14 第三回 三拳打死鎮關西
21 第四回 林沖誤闖白虎堂
29 第五回 風雪驚魂山神廟
38 第六回 楊志東京賣寶刀
45 第七回 七星聚義起風雲
52 第八回 吳用智取生辰綱
59 第九回 火併王倫聚義堂
66 第十回 宋江怒殺閻婆惜
73 第十一回 景陽岡上打老虎
81 第十二回 姦夫淫婦害武大
89 第十三回 武松怒殺西門慶
97 第十四回 義憤血濺鴛鴦樓
104 第十五回 花榮大鬧清風寨
111 第十六回 小李廣大戰秦明
118 第十七回 施巧計秦明聚義

126　第十八回　小李廣神箭射雁
133　第十九回　宋江初會黑旋風
139　第二十回　潯陽樓上題反詩
146　第二十一回　劫法場大鬧江州
153　第二十二回　黑旋風遇假李逵
160　第二十三回　李逵一人殺四虎
168　第二十四回　時遷為食惹是非
174　第二十五回　宋江苦戰祝家莊
182　第二十六回　病尉遲反出登州
188　第二十七回　雷橫失手累朱仝
195　第二十八回　兵圍高唐救柴進
203　第二十九回　連環馬大顯神威
211　第三十回　金槍大破連環馬
217　第三十一回　計破青州服呼延
225　第三十二回　晁蓋命喪曾頭市
232　第三十三回　吳用計賺玉麒麟
240　第三十四回　盧俊義蒙冤受難

248 第三十五回 呼延詐降擒關勝

256 第三十六回 計破北京大名府

264 第三十七回 神火聖水上山來

271 第三十八回 雪恨大破曾頭市

280 第三十九回 一零八將大聚義

288 第四十回 受招安落寞收場

太尉上山放妖魔

話說宋朝嘉祐三年，係宋仁宗在位。呢位皇帝喺歷史上，算得上係一位賢能嘅君主。佢在位四十二年，天下基本上太平無事，算得上係難得嘅好年代。

呢一日，仁宗皇帝同往常一樣上朝，坐喺高大華麗嘅金殿上面同一眾大臣議政。當時京師瘟疫盛行，比往年更加嚴重。仁宗皇帝十分之憂心，於是就同大臣商議對策。呢個時候，參知政事范仲淹行出嚟稟奏話：「近日京師天災盛行，民不聊生。既然舊年陛下已經大赦天下都無咩作用，依臣愚見，為今之計只有請天師出山喺皇宮祈福，先可以保民間太平了。」皇帝聽咗都好贊成，當堂就任命殿前太尉洪信為使者，去江西龍虎山請張真人祈福，驅除瘟疫。

洪太尉唔敢怠慢，好快就帶住御書丹詔，同一眾隨從去到龍虎山。只見呢座道教名山上，樓台處處，松柏森森，一派神仙景象，果然名不虛傳。點知佢哋去到上清宮一問，先知道原來張真人住喺山頂，而且經常騰雲駕霧，四處雲遊，好難見到人。洪太尉一聽就心急啦，對班道士話：「皇上要請張天師去京城祈福，驅除瘟疫㗎！而家我見唔到佢，要點算好啊？」

有位道長就話：「太尉只要夠誠心就好辦。聽日，請你自己帶住詔書，步行上山去求見天師，天師必定唔會要你白行一趟嘅。」

洪太尉冇辦法，惟有第二日沐浴更衣，親自帶住詔書步行上山。佢平時嬌生慣養，行得幾里路就腳都軟埋。但使命在身點都要行落去，於是佢亦只能夠一邊行一邊喘大氣，行一陣停一陣。點知山裏面唔係走隻老虎出嚟，就係蜎條毒蛇出嚟，嚇到洪太尉鼻哥窿都冇肉，以為今次死梗了。好在猛虎毒蛇都好快就走咗，洪太尉噉先算執返條命仔。佢心驚膽戰噉又行咗一陣，就遇到個道童騎住黃牛落山。

道童見到洪太尉，笑住問佢：「你嚟呢度係咪想搵張天師啊？」

洪太尉問佢點知㗎，道童答話：「天師知道皇上派咗個洪太尉嚟請佢，已經飛咗去京城，幫皇上做完法事啦。你唔好再往前行了，如果唔係再碰到猛獸毒蟲恐防命仔都冇埋啊！」講完又一笑，就騎住黃牛走咗去喇。

洪太尉心諗：「呢個道童講得出我個名，一定係天師嘅弟子。既然佢話搞掂咗，咁我就走得啦。」於是就一路行返落山。返到去上清宮一問，佢先知原來嗰個道童，就係呢一代嘅天師本人。

第二日，一眾道士帶住洪太尉四處參觀遊覽。行行下，佢哋行到一個大殿前面。只見殿門緊鎖，上面個牌匾寫住「伏魔之殿」四個字，門上貼滿晒封條。洪太尉好好奇，就問呢個係咩地方。道士答話：「呢個係前代祖師鎮壓魔王嘅大殿，每一代天師都會加一道封條封印，交代千祈唔可以打開㗎。」

點知洪太尉一味好奇，係都要打開嚟睇睇魔王係咩樣。班道士冇辦法，惟有叫人揭開封條，打開大鎖，推開殿門畀洪太尉參觀。大家入到大殿一睇，只見殿裏面有個石碑，碑後面寫住「遇洪即開」四個大字。洪太尉一睇就高興喇：「你哋睇，前代祖師都話遇到我就要開㗎啦！」於是佢又叫人掘開塊石碑，話要睇下下面收埋咩好嘢。

等到掘開塊碑，再搬開石碑下面嘅石龜石板，一個望落黑麻麻、都唔知有幾深嘅洞穴就顯露出嚟。忽然間，大家聽到裏面地動山搖，響聲好似千軍萬馬一樣，然後一道黑氣沖天而起，化作百道金光，四散而去。呢一下真係嚇到洪太尉同一班道士面都青晒，唔知講咩好。

過得一陣，洪太尉定落神嚟，就聲震震噉問個住持道士：「啱先嗰道黑氣喺咩回事啊？」

住持道士答話：「祖師留低吩咐，話殿裏面鎮壓住三十六天罡星，七十二地煞星，一共一百零八個魔君，一旦放出嚟，必定禍害生靈。而家太尉你放走咗佢哋，真係唔知點算了，他日佢哋定會為禍人間㗎！」

洪太尉聽咗，嚇到當場飆晒冷汗，惟有急急腳走人，趕返京師復命喇。一路上，佢對啲侍從千叮囑萬吩咐，話絕對唔可以將放走妖魔嘅事話畀外人知，驚皇帝知道咗會責怪佢。等入到京城，佢聽講天師已經做完法事，瘟疫已經消除，噉先放落心嚟，去拜見皇帝。

宋仁宗果然唔知道洪太尉放走妖魔嘅事，見佢去請張天師有功，仲對佢加以封賞添。

「噉」同「咁」嘅區別 —— 喺粵語裏面，有兩個字因為發音相近，所以經常會混淆。一個係「咁」，一個係「噉」。

「咁」字係發第三聲，係「這麼」嘅意思，例如咁好，咁厲害等；而「噉」字發第二聲，與「敢」同音，係「這樣」嘅意思，例如噉樣、噉搞法。

因為咁字比較容易寫，所以好多人都將「咁」字當成「噉」用，一般讀者亦都能夠明白。但如果認真考究，兩個字仲係有分別嘅。

宋仁宗 ——《水滸傳》創作嘅故事背景係中國嘅北宋時期。喺呢本書嘅第一回，就講到宋仁宗因為京師發生瘟疫，派洪太尉去搵天師做法事。

宋仁宗係北宋受到較高評價嘅一位皇帝，佢在位年間被稱為「仁宗盛治」，係社會比較安定，經濟發展比較好嘅時期。呢個時期出咗好多名臣，例如「先天下之憂而憂，後天下之樂而樂」嘅范仲淹，後來被稱為「大宋十大名相」之一、「文能安邦、武能定國」嘅韓琦，我哋都好熟悉嘅執法嚴明、清正廉潔嘅「包青天」── 包拯等等。另外仁宗朝嘉祐二年嘅科舉更被稱為「千年科舉第一榜」，唐宋八大家中著名嘅蘇軾蘇轍兄弟、文學家曾鞏，仲有北宋政治家章惇、曾布、軍事家王韶、思想家程頤、張載等人，都係呢一年嘅進士。

正因為有宋仁宗相對清明有效嘅統治，呢個時候北宋社會嘅矛盾先可以較為緩和，人民可以過上比較安穩嘅生活。

殿前太尉 洪信

教頭離京巧收徒

話說洪太尉雖然放走咗妖魔，但係一時之間並未見到有咩禍害。喺仁宗皇帝之後，英宗、神宗兩位皇帝在位，天下都太平無事。

時光飛逝，過咗二十幾年，輪到宋哲宗在位為君。呢個時候，喺東京開封府汴梁宣武軍裏面，有個無賴叫做高二，因為擅長踢毬，所以人稱高毬，後來佢乾脆幫自己改咗個名叫高俅。佢因為得人推薦，去到小蘇學士門下做事。小蘇學士見高俅個樣都唔似正經人，於是又將佢推薦咗去都太尉王晉卿府上打雜。

呢一日，王晉卿生日，專門請咗端王趙佶過嚟府上飲宴。呢位端王係個多才多藝嘅人，琴棋書畫、吹拉彈唱、踢球跑馬，無一不精。佢嚟到王太尉府上飲得幾杯酒，就睇啱咗一對羊脂玉做嘅獅子鎮紙。王太尉梗係即時話送畀端王啦，仲話要專門做個筆架一齊送去，氹到端王鬼死咁開心。

第二日，王太尉就叫高俅將準備好嘅禮物送去端王府。高俅去到端王府，正好遇着端王喺度踢毬。高俅行到埋去，只見一個毬兜口兜面就飛過嚟。高俅忍唔住要曬下命，即刻使出一招鴛鴦拐，將個毬踢返去畀端王。

端王一見就高興喇，叫高俅耍多幾招嚟睇睇。高俅推辭咗幾下，就順水推舟，使出渾身解數嚟討端王嘅歡心，踢到個毬圍住自己飛來飛去，睇到端王拍爛手掌連聲讚好。

端王一個高興，就將高俅留低做自己嘅親隨，成日陪住自己玩。過得唔到兩個月，哲宗皇帝駕崩，端王被推舉為天子，就係徽宗皇帝喇。

徽宗登基之後，高俅跟住雞犬升天。唔到半年，就做到殿帥府太尉。呢一日，佢上任之後第一日去殿帥府，啲下屬個個都前嚟拜見上司，惟獨差咗個八十萬禁軍教頭王進。高俅見王進請咗成半個月病假，心諗：「我第一日上任你都唔嚟見我？即係唔畀面啫！」於是發晒爛渣，話王進詐病。王進冇計，惟有帶病去拜見高俅。一見面，王進就知道弊傢伙啦，原來當年自己老竇曾經教訓過高俅一餐。而家佢做咗自己老頂，佢份人咁無賴，仲唔公報私仇？

於是，王進連夜帶住娘親走佬，打算去西北延安府投靠老種經略相公。

佢兩母子一路曉行夜宿，飢餐渴飲，行咗一個幾月。呢一日，佢哋因為急住趕路，嚟到華陰縣附近嘅時候已經錯過咗住宿嘅地方。王進正喺度發愁，忽然見到前面有個大莊園，於是就過去敲門請求借宿一晚。莊主史太公好客氣，招呼王進母子住落，仲設宴款待佢哋。點知當晚王進娘親心痛病發作，第二日走唔到，佢哋惟有喺史太公莊上住多幾日。好在史太公十分好人，唔單止肯收留佢哋，仲搵人去縣城執藥返嚟幫王進娘親醫病，王進母子對史太公都十分感激。

幾日之後，見娘親好得七七八八，王進就準備告辭了。

佢行去後院牽馬嘅時候，見到空地上面有個後生仔喺度舞棍。呢個後生仔生得英俊健美，面如銀盤，打大赤膊，身上刺滿青龍，一條棍舞到龍飛鳳舞。王進喺旁邊睇咗一陣，就忍唔住話：「棍耍得都唔錯，不過仲係有破綻，遇到高手就打唔過咯。」

個後生一聽就發火啦，大鬧話：「你係咩人，夠膽亂講嘢？我跟過七八個師父，就唔信贏唔過你，有本事就嚟比試下！」

啱好呢個時候史太公趕到，喝住個後生仔。原來，呢個後生正係史太公個仔，人稱「九紋龍史進」。史進唔忿畀王進話佢棍法唔得，係都要同王進比武。王進冇辦法，惟有同意同史進過翻兩招。

雙方擺好架勢，史進舞起長棍直取王進。王進避得幾棍，忽然一個回身虛晃一棍，嚇得史進馬上舉棍招架，然後王進嘅長棍一縮一伸再一攪，當堂打到史進棍都飛埋，成個人跌咗落地。史進畀人打低咗，但係就一啲都唔嬲，反而仲好高興噉話要拜王進為師。王進見史太公咁關照佢，自己娘親又身體唔好，於是決定留低住一排，順便點撥史進嘅武藝。

喺王進教導之下，史進半年之內就武藝大進，十八般武藝樣樣精通。王進見佢學得差唔多，於是告辭繼續去延安府。冇耐之後，史太公就過咗身。史進喺莊裏面無所事事，又聽聞附近少華山上有一班盜賊聚集，所以組織莊客籌備武器、操練武藝，準備隨時抵禦賊人。

少華山上嗰一夥綠林好漢，有三個頭領，為首嘅叫做神機軍師朱武，第二個叫做跳澗虎陳達，第三個叫做白花蛇楊春。佢哋正喺度計劃去攻打華陰縣。但係去華陰縣要經過史家村，楊春提出話聽講史進唔好對付，都係要從長計議。陳達一聽就唔忿氣了，話楊春同朱武兩個「長他人志氣，滅自己威風」，即時帶住一百幾個嘍囉就殺到去史家村。

史進早有準備，聽講賊人來犯，即時帶領一班莊客嚟到村口迎戰。陳達先禮後兵，話要借道史家村去華陰縣，請史進放行。史進笑笑口話：「我肯放你過去，但係有一個人唔肯㗎。」

陳達問係邊個，史進指一指手中大刀話：「你問過我呢位老友先，佢話肯放你過去，你咪過得囉！」

陳達一聽就發火啦，挺起丈八點鋼矛直取史進，史進亦拍馬舞刀上嚟迎戰。兩個人你來我往，打到塵土飛揚，非常激烈。打得一陣，史進忽然賣個破綻，引到陳達一槍刺過嚟，佢睇準來勢側身一閃，等陳達成個人撞到埋身，就伸手一夾，將陳達成個人捉咗過嚟。

陳達手下班嘍囉見主將都畀人捉埋，即時一哄而散，跑返去山寨彙報。而史進捉咗陳達，就叫人將佢綁起身，等捉埋其他兩個賊首，再一齊送官。大家見史進咁神勇，都齊齊叫好。

少華山嗰邊朱武同楊春聽講陳達失手被擒，都十分緊張。楊春話：「不如我哋全軍出動，去將二哥救返出嚟啦！」

朱武擰擰頭：「陳達打唔過，你我都打唔過㗎啦，我有條苦肉計，可以試試。」於是，朱武同楊春親自去到史家村，一見到史進就雙雙跪低。朱武喊住對史進話：「我哋三個都係不得已先落草為寇嘅。當日結拜為兄弟，就只求日後同生共死。而家陳達畀英雄你捉咗，不如就請你將我哋兩個一齊捉埋去官府領賞啦！死喺英雄你嘅手上，我哋死而無怨！」

史進見佢兩個咁有義氣都好感動，於是乾脆連陳達都放埋出嚟，一齊飲宴咗一番，然後送三位頭領返去山寨。

自此之後，少華山三位頭領同史進就成咗好朋友，經常互送禮物，常來常往。到咗呢一年中秋，史進個莊客上少華山請三位頭領去聚會，朱武佢哋好高興噉應承咗，寫咗封回信畀個莊客帶返去，賞咗佢幾兩銀，仲請佢飲咗十幾碗酒添。結果個莊客飲到醉醺醺噉落山，實在頂唔順就揼喺塊草地上面瞓着咗。講起上嚟真係冥冥中注定咗要出事，有一個路過嘅獵戶，見到個莊客瞓到隻豬噉，身上又露咗銀兩出嚟。佢眼見心謀，偷咗啲銀兩，順便仲見到埋封回信，知道史進同少華山三個首領有來往。佢心諗：「今次發達啦！我攞封信去官府報官，仲唔攞晒啲賞銀？！」

於是佢帶埋封信就去告官。等到中秋當晚，史進佢哋四個正係飲得高興，忽然聽到外面殺聲震天，原來係華陰縣嘅縣尉帶住幾百士兵，將史家莊團團圍住。

史進見勢頭唔對，就嗱嗱聲同三位頭領一齊披掛上馬，帶住莊客衝殺出去，一路走返上山寨。

返到山寨之後，三位頭領一齊勸史進留低，但係史進就始終都唔想落草為寇，於是收拾好行裝，一個人上路去延安府搵佢師父王進喇。

氹字嘅用法 —— 氹字喺粵語裏面，有幾個唔同嘅意思，每一個意思都對應不同嘅讀音。

第一個係指小坑，例如水氹，粵音讀「tam^{5}」。而澳門嘅地名氹仔，亦都同呢個意思有關。第二個意思係「哄」，粵音讀「tam^{3}」，例如氹細路、氹女仔，有時略帶一啲哄騙嘅意思，例如氹人落踏。

除此之外，粵語將「團團轉」稱為「氹氹轉」，喺呢度氹字就係迴旋、旋轉嘅意思粵音讀「tam^{4}」。例如民間流傳嗰首琅琅上口嘅童謠「氹氹轉，菊花園」，或者用於形容人急得團團轉 ——「急到佢喺間屋度氹氹轉」。雖然亦有人認為應該寫成「凼凼轉」，但平時最常用嘅仲係「氹氹轉」呢個寫法。

十八般武藝 —— 喺小說等文藝作品裏面，我哋經常會見到「十八般武藝，樣樣精通」噉樣嘅描述，用嚟形容一個人武藝高強。

噉你又知唔知，十八般武藝究竟係指邊十八種呢？大家一般都認為，十八般武藝指嘅係一弓，二弩，三槍，四刀，五劍，六矛，七盾，八斧，九鉞，十戟，十一鞭，十二鐧，十三鎬，十四殳（一種無刃、有棱，主要是用嚟撞擊對手嘅兵器），十五叉，十六鈀頭，十七套索，十八白打。

大家一定會問，「白打」係一種咩兵器？原來，排最後呢種所謂嘅兵器，竟然係「赤手空拳」嘅意思！「白打」就係指唔使用任何武器或器械，徒手格鬥。清代周亮工嘅筆記小說《閩小記》中就提到：「白打，即今之手搏，名短打者是也。昔日白手不持寸鐵為白戰，武藝十八，終以白打。以白打為終，明乎其不持寸鐵也。」

睇嚟，古人都認為終極武器應該遵循「大道至簡」嘅道理，自身有足夠強嘅實力先係最高境界。不過實際上，正如「九」呢個數字喺古代泛指多數一樣，十八般武藝通常亦只係一個泛指，形容人武藝高強，未必真係樣樣精通。

三拳打死鎮關西

話說九紋龍史進離開咗史家村，日夜兼程趕去延安府投奔王進。行得半個月左右，就嚟到渭州府地界。佢聽講呢度都有個經略府，於是就決定入城打探下有冇師父嘅消息。

入到城裏面，史進搵咗間茶樓坐低，點咗個泡茶，就問茶博士有冇聽講過經略府嘅王進教頭。個茶博士正喺度擰頭，忽然有個生得神高神大，滿面髯鬚嘅軍官入咗嚟。茶博士就對史進話：「嗰位就係經略府嘅提轄，你問佢就一定知啦。」

史進馬上過去向個軍官行禮。原來呢位軍官叫做魯達，佢一聽史進要搵王進，即時就好高興，大聲話：「你一定係九紋龍史進啦，真係聞名不如見面，見面勝似聞名！你師父王教頭我都有聽聞，不過佢喺延安府老種經略相公嗰度，我哋渭州呢度係小種經略相公鎮守嘅地方。」講完，就好熱情噉拉住史進去飲酒。

咁啱得咁蹺，喺路上佢哋又遇到史進早年嘅師傅打虎將李忠，於是三個人就一齊去到潘家酒樓食飯飲酒吹水。

點知佢哋正係傾得高興，忽然聽到隔籬房有人喺度哭哭啼啼。魯達最唔見得人流眼淚，就叫酒保將隔籬房嘅人叫過嚟問話。冇幾耐，一個五六十歲嘅老伯就帶住個十八九歲嘅女子行入嚟。嗰個女子雖然唔係咩天姿國色，但望上去都幾順眼嘅。

魯達問佢哋喊咩，個女子慌忙解釋話：「奴家叫做翠蓮，我父親姓金，係東京人士，嚟渭州係投奔親戚嘅。因為娘親喺客棧病故，而家同父親相依為命。有位鎮關西鄭大官人，強娶奴家為妾，仲寫咗文書話會畀三千貫奴家嘅，但其實根本冇畀到。結果未到三個月，佢老婆就發惡將奴家趕咗出門，而家仲要我還返三千貫錢畀佢。奴家邊度有錢啊，惟有喺度賣唱賺錢咯。呢兩日生意又唔好，所以一時傷心喊咗起身，驚動咗官人，請官人恕罪，高抬貴手啊！」

魯達一聽就火滾啦，問係邊個鄭大官人咁巴閉。金老伯答話：「就係喺狀元橋下面賣肉嗰個鄭屠咯。」

魯達聽咗更加把幾火，大鬧話：「嗰條噉嘅粉腸都夠膽叫做鎮關西？等我去打死佢再返嚟飲酒！」講完企起身就要衝出去，嚇到史進同李忠搏命拉住佢。

魯達諗咗一陣，畀咗十幾兩銀過金老伯，叫佢哋執拾好行李，第二日一早就離開。

第二日一早，魯達嚟到金老伯父女住嘅客棧，叫佢哋快啲上路。個店小二想要阻攔，畀魯達一巴掌打到滿口鮮血，仲邊度敢出聲？馬上雞噉腳就走咗去喇。

魯達送走咗金氏父女，就走去狀元橋下搵鄭屠晦氣。鄭屠見魯達嚟到，唔敢怠慢，請佢坐低問佢要乜嘢。魯達答話：「我奉經略相公嘅指示，要十斤靚瘦肉，切成碎肉，一啲肥肉都唔可以見到嘅。」然後仲指定要鄭屠自己嚟切。

鄭屠冇計，惟有自己嘟手，切好之後打包畀魯達。點知魯達又話要十斤肥肉切碎，一啲瘦嘅都唔要。搞到鄭屠滿頭大汗，好不容易先搞掂。

搞好之後，魯達又話：「我仲要十斤軟骨，都係要切碎，一啲肉都唔可以有！」

鄭屠聽完終於忍唔住發火喇，大鬧話：「魯達，你係咪玩嘢啊？」

魯達一下跳起身，將之前兩包肥肉瘦肉兜口兜面照住鄭屠掟過去，鬧翻轉頭話：「我今日就係玩嘢㗎啦，玩你又點啊？」

鄭屠畀佢激到火遮眼，攞起把劏豬刀，就衝出嚟同魯達搏命。魯達三步夾兩腳走到街中心，等鄭屠嚟到，一手捉住佢揸刀嘅右手，然後飛起一腳將鄭屠踢跌喺街上。跟住佢一步搶過嚟，揿住鄭屠嘅心口，舉起砂煲咁大嘅拳頭，一拳就打落去，一邊打一邊鬧：「我跟住老種經略相公，做到關西五路廉訪使，啷都仲話可以叫鎮關西啊，你條粉腸有咩資格學人叫鎮關西？」

殊不知，魯達嘅拳頭重到不得了，一拳打到鄭屠鼻都歪埋，滿面鮮血；再一拳，打到鄭屠眼角都爆晒，第三拳打落個雲精（即「太陽穴」）度，更加打到鄭屠腦裏面鐘鼓齊鳴，當堂出氣多入氣少，眼睇住就唔得啦。

魯達見鄭屠面色都白埋先反應過嚟，心諗：「弊喇，呢條友咁唔禁打，竟然三拳就畀我打死咗，累到我要捱官司踎監咪大鑊？」

於是佢一邊大鬧鄭屠詐死，一邊擰轉身就走咗去，街上嘅人邊個夠膽阻攔，眼白白就睇住魯達走到唔見咗人。

鄭屠嘅屋企人見佢畀人打死咗，梗係走去衙門告官啦。渭州府尹報過經略府，就派人去捉拿魯達。點知呢個魯達雖然望上去五大三粗，但其實都好有心計。等啲衙差去到，佢早就帶埋包袱細軟，走到不知去向了。官府冇計，惟有發出海捕文書，貼出魯達嘅畫像，懸賞通緝佢。

魯達知道今次大件事了，於是離開咗渭州府就好似喪家之犬一樣，慌不擇路，四圍亂咁走。呢一日，佢去到代州雁門縣，見到一大班人喺度睇榜文，佢又八卦走去睇埋一份。點知嗰張其實正係通緝佢嘅文書！魯達唔識字，就懵盛盛噉企喺度聽人讀榜文。正係危險關頭，旁邊忽然間有個人拉住佢大聲話：「張大哥，你點解嚟咗呢度啊？」講完，就拖住魯達行出咗人羣。

魯達定眼一睇，呢個拉住自己嘅，正係自己喺渭州府救助嘅金老伯。原來佢個女翠蓮喺呢度識咗個財主趙員外，做咗趙員外嘅妾侍。佢問清楚魯達嘅情況，就將魯達帶返個女屋企，設宴款待魯達。

三個人食得一陣，嗰位趙員外就到了。佢都好佩服魯達嘅仗義，於是招呼魯達去自己嘅七寶村住落，好酒好菜招待魯達。魯達十分感激，都唔知點樣報答趙員外先好。趙員外反而好豪爽，話：「四海之內皆兄弟，使乜講報答啊！」魯達噉先安心住落，每日都同趙員外一齊傾計，討論棍法。

不過過得幾日，金老伯始終唔放心，覺得人多口雜，魯達身上有人命案，噉樣長住落去唔係辦法。於是趙員外就介紹魯達去附近自己相熟嘅五台山文殊院，剃度做個和尚，噉就冇人搵到佢啦。

魯達呢個時候正係徬徨無計，亦就應承上五台山。第二日，趙員外就叫人準備好行李禮物，送魯達上山。去到山上，文殊院嘅智真長老見係趙員外送嚟嘅人，即時應承幫魯達剃度，仲改咗個法名叫做智深。自此之後，魯達就改名叫做魯智深了。

不過魯智深呢份人即使入咗佛門，性格都好難改。佢既鍾意飲酒，又好勇鬥狠，而且一飲醉酒就周圍撩事鬥非，冇人攔得佢住。住喺文殊院嘅呢段時日中，佢不但打壞佛像、打爛山亭，連拜佛嘅香客都畀佢打傷埋。智真長老實在頂佢唔順，於是叫佢去東京大相國寺投靠智清禪師。魯智深知道自己壞咗規矩，亦都唔好意思賴住唔走，惟有同長老告別。

臨行之前，智真長老仲送咗四句偈言畀魯智深：「遇林而起，遇山而富，遇水而興，遇江而止。」

魯智深將四句偈言記熟，就拜別長老，將自己搵人打造嘅禪杖、戒刀帶喺身上，離開五台山，出發去東京了。

咁啱得咁蹺 —— 呢度嘅「蹺」字，本字應該係「巧」字，粵語讀成「蹺」字第二聲。

喺呢個俗語裏面，「咁啱」同「咁蹺」，都係表示事有湊巧嘅意思，加埋一齊，就表示確實非常湊巧。

粵語裏面仲有「啱啱遇着剛剛」，亦都係近似嘅意思。「啱啱」喺粵語裏面相當於現代漢語裏面嘅「剛剛」，兩個意思一樣嘅詞語放喺一齊，強調咗「實在非常湊巧」嘅意思。

五台山 —— 呢一回講到魯達喺五台山出家。噉你又知唔知五台山喺中國嘅咩地方呢？

五台山位於山西，係中國佛教四大名山之一，世界五大佛教聖地之一，自古以來就係佛教興盛之地，亦係中國唯一一個青廟（漢傳佛教）黃廟（藏傳佛教）交相輝映嘅佛教道場。

五台山上曾經有過多個佛教寺院，至今依然保留大量佛教場所，包括最古老嘅建於公元 68 年嘅顯通寺，始建於元朝嘅塔院寺，仲有菩薩頂、南山寺、金閣寺等等。歷史上有唔少皇帝都上過五台山參拜。喺金庸先生嘅《鹿鼎記》裏面，有一個情節就講到清朝嘅順治皇帝亦都係喺五台山出家。

根據史書記載，五台山因為五峯高聳，山頂又冇樹木，平坦到好似壘土之台，所以稱為「五台山」。而又因為呢座山上常年氣溫寒冷，即使係炎夏，山上平均氣溫都只係得 13.7 攝氏度左右，所以又有「清涼山」嘅別稱。

聽古仔

花和尚 魯智深

林沖誤闖白虎堂

魯智深離開咗五台山，一路上幾經周折，終於嚟到咗東京開封府。入城之後，只見城內千家萬戶樓台處處、街市興旺商旅雲集、軍民相慶熱鬧喧嘩，真係一派繁華景象。魯智深問清楚道路，就一路行到去莊嚴巍峨嘅大相國寺。

入到寺院，個知客僧見魯智深兇神惡煞噉嘅樣，手上面又係禪杖又係戒刀，忍唔住暗自心驚。魯智深向佢解釋話自己係五台山智真長老介紹過嚟嘅，知客僧先鎮定翻落嚟，帶魯智深去見智清禪師。

智清禪師睇咗智真長老嘅介紹信，心諗：「呢個魯智深咁難搞，師兄真係好帶攜了！但師兄信中千叮囑萬吩咐，唔理佢又唔得……等我搵個地方安置佢先！」於是，就安排魯智深去管寺院後面嘅菜園。原來嗰個菜園經常畀一班流氓爛仔喺度搗亂，智清禪師諗住魯智深咁惡死，可能搞得掂佢哋。

魯智深去到菜園後，馬上叫人貼咗張告示，寫住：「大相國寺委派僧人魯智深前來菜園住持，明日起閒雜人等不准入園。」

平時搗亂偷菜嗰班爛仔見到，就商量話要整蠱下呢個新嚟嘅魯智深，打算引佢行去屎坑旁邊，一齊掟佢落去。

第二日，魯智深嚟到菜園上任。只見有二三十個爛仔，攞住啲果盒禮品，走過嚟對佢話：「聽聞大和尚新嚟菜園住持，我哋街坊鄰舍都嚟賀下你啊！」

魯智深唔知頭唔知路，鬼咁高興就行過去接禮物啦。但行到過去，嗰班人又唔行埋嚟，淨係企喺度唔郁，魯智深就開始有啲起疑心了，暗暗提高警惕。

呢班爛仔有兩個帶頭人，一個叫過街老鼠張三，一個叫青草蛇李四。佢兩個見魯智深行到埋嚟，一邊話：「我哋兄弟特地嚟拜見師父。」一邊突然衝過嚟，一個抬左腳，一個抬右腳，想將魯智深抬起然後掟落個屎坑度。

點知魯智深早有準備，見佢兩個埋到嚟，馬上大喝一聲，左邊一腳右邊一腳，反而將張三李四全部踢晒落屎坑。

後面嗰班爛仔見魯智深咁神勇，嚇到腳都軟埋，正想走人，只聽魯智深大喝話：「邊個敢走，我就踢邊個落屎坑！」當堂嚇到嗰班人郁都唔敢郁。

魯智深吩咐佢哋將張三李四救返上嚟洗乾淨，然後又教訓咗佢哋一餐，噉先放佢哋走。嗰班爛仔畀魯智深嚇到怕晒，當佢係大佬噉睇，第二日又帶咗一隻豬，十支酒過嚟拜見魯智深。

魯智深見佢哋服咗自己，亦都好開心，就同佢哋一齊飲酒食肉。食得一陣，只聽到門外有羣烏鴉喺度亂咁叫。原來外面有棵綠楊樹，上面有個烏鴉竇。嗰班爛仔就話要爬上去拆咗佢，魯智深擰擰頭話：「唔使咁麻煩，等我嚟搞掂佢！」

講完，佢除低件外套，彎低腰，雙手捉住樹幹，一發力，竟然將成棵綠楊樹連根拔起！嗰班爛仔睇到目瞪口呆，一齊拜倒在地，大叫話：「師父唔係凡人，係羅漢下凡啊！」

自此之後，嗰班爛仔就變咗魯智深嘅擁躉，得閒無事就買酒買肉過嚟，請魯智深一齊飲飲食食，順便睇魯智深演練武藝。

呢一日，魯智深又同班嘅一齊飲酒食肉。佢飲得高興，攞出嗰條六十二斤嘅鐵禪杖就舞起身，睇到大家都拍爛手掌。

正係舞得興起，只聽見圍牆外面有個官人大聲喝彩話：「使得真係好！」

魯智深聽咗，停落手嚟定眼一睇 —— 只見呢個官人三十幾歲，身長八尺，頭戴青巾，身穿綠色花戰袍，生得豹頭環眼，燕頷虎鬚，十分威武。佢見魯智深停手，又繼續讚話：「師父真係好武藝，兵器使得真係好！」

旁邊啲人就介紹話：「呢位教頭話好就真係好噶啦！佢就係八十萬禁軍槍棒教頭，豹子頭林沖。」

魯智深好高興，同林沖行過禮，寒暄咗一番。講起上嚟，原來魯智深早年仲見過林沖嘅老竇林提轄。兩個人越傾越投契，相見恨晚，當堂就結拜為兄弟。

佢哋正係傾得高興，忽然見到林沖嘅婢女慌失失噉走過嚟話：「官人，弊啦弊啦，夫人喺廟裏面同人起衝突啊。」原來，林沖嘅夫人帶住婢女嚟大相國寺上香，林沖無無聊聊，就四圍閒逛，噉先識到魯智深。

林沖急急忙忙趕過去，只見有個後生仔帶住一班人攔住佢夫人。佢梗係火滾啦，一步衝上去拉住個後生大喝話：「豈有此理，光天化日之下調戲良家婦女，該當何罪！」

佢正準備一拳打過去，點知呢個時候先睇清楚原來呢個後生正係佢上司高太尉嘅契仔高衙內。呢個高衙內平時恃住契爺嘅勢力周圍橫行霸道，強搶民女，個個都怕咗佢，叫佢做「花花太歲」。

林沖見係高衙內，嗰一拳就唔敢打落去，旁邊嘅人亦都上嚟勸住佢，簇擁住高衙內行咗出去。林沖帶埋妻小正準備離開，魯智深帶住一班人就趕到了，話要教訓下高衙內。林沖就勸住佢話：「唔怕官最怕管，佢契爺係我頂頭上司，今次就放過佢啦。」於是，一行人同魯智深告別，就離開咗。

點不知嗰個高衙內，自從見到林沖嘅夫人，就一直朝思暮想，茶飯不思。佢有個手下叫做富安嘅，就幫佢出咗個主意：「衙內可以搵一日叫林沖嘅老友陸虞候約佢出嚟飲酒，然後我去呃林夫人出嚟，噉就容易成其好事啦。」

高衙內一聽即時覺得啱晒河車，馬上依計行事，叫陸虞候約林沖出嚟飲酒，然後又派個人去搵林夫人，呃佢話林沖喺陸虞候屋企飲醉酒，叫佢過去照顧。林夫人信以為真，果然跟住去咗陸虞候屋企。去到佢先知，原來見嘅唔係丈夫而係高衙內。

嗰邊廂，林沖同陸虞候喺酒樓飲飲下酒，忽然見到自己屋企個婢女急急忙忙趕過嚟，話夫人去到陸虞候屋企，竟然畀人關喺屋裏面叫救命。林沖一聽嚇咗一跳，三步夾埋兩步跑到去陸虞候屋企，一入去就聽到林夫人喺樓上大叫話：「我係有夫之婦，你噉樣將我輻喺屋裏面點得㗎！」

林沖聽咗好心急，一邊大叫：「娘子開門！」一邊就衝上樓。高衙內聽到林沖趕到，嚇到噚噚臨跳窗走咗去，林沖發起火上嚟，將陸虞候間屋打到爛晒，噉先帶埋夫人離開。

接住落嚟一連幾日，林沖都攞住把尖刀去等陸虞候，嚇到陸虞候匿喺太尉府唔敢返屋企。

過得幾日，林沖啖氣過咗，又遇到魯智深一齊飲咗餐酒，就唔再去搵陸虞候晦氣喇。佢喺街上仲遇到個賣刀嘅人，買咗把寶刀，心情好翻好多。

到咗第二日，有兩個軍官嚟到林沖屋企，話奉太尉命令，叫林沖將新買嘅寶刀帶去太尉府畀太尉觀賞。林沖無諗咁多，跟住佢兩個去到太尉府。佢哋穿堂入室一路入到內堂，然後嗰兩個軍官就叫林沖稍等，自己入去向太尉通傳。

林沖等咗一陣，唔覺意抬頭一睇，只見牌匾上寫住「白虎節堂」四個大字。林沖即時皺起眉頭，心諗：「白虎節堂係商議軍機大事嘅地方，我喺呢度唔係好合規矩啵。」

佢正想擰轉身走人，只聽到後面腳步聲響起，高太尉帶住手下行到入嚟，指住林沖大鬧話：「豈有此理，林沖你無緣無故帶刀入白虎節堂，係咪想刺殺本官？我聽聞你前兩日就手持尖刀，喺太尉府門外遊蕩，果然不懷好意！」講完，唔理三七二十一，就叫人將林沖捉咗起身。

原來，呢個是非不分嘅高太尉，為咗幫個契仔高衙內搶林沖個老婆，專門設咗呢個局，想要害死林沖！

爛仔 ——《水滸傳》係一部描述大量宋代社會現實嘅小說，其中講到好多市井小民，包括我哋經常講嘅流氓地痞無賴。呢啲人不事生產，靠社會底層嘅灰色收入為生，經常偷呃拐騙，《水滸傳》原著裏面往往稱佢哋為「潑皮破落戶」，而編者用粵語改編嘅時候，就稱之為爛仔。

粵語中嘅「爛仔」，相當於漢語書面語中嘅「小混混，流氓」。但其實，原來唔止粵語有呢個講法，就算喺漢語入面亦都有呢個用法。例如中國著名歷史學家范文瀾嘅《中國近代史》中就有用到：「耆英慣於誣衊民眾，如說燒洋館，『皆係無賴遊棍及俗名爛崽等輩所為』。」即使喺茅盾先生嘅作品中，亦有噉樣一句：「帶出去的東西丟光了且不用說，回來一看，家裏的東西也被爛仔（流氓）搬得精光。」

衙內係個咩稱呼？ —— 呢一回講到高衙內調戲林沖嘅老婆，引發後來一系列事件。

「衙內」呢個稱呼，喺唐代原本指擔任警衛工作嘅官員。到咗五代同宋朝，因為呢一類官職一般都係由大臣嘅子弟擔任，「衙內」慢慢變成咗達官貴人子弟嘅代名詞。所以後來呢個詞就畀大家用嚟泛指官僚子弟，用我哋現代嘅語言嚟講，就係「官二代」、「官三代」喇。

而且，正係由於《水滸傳》嘅影響力大，「高衙內」呢個壞鬼官二代形象太差，導致「衙內」呢個詞用起身往往仲帶有一啲貶義嘅意味：而家一提起「衙內」，大家往往就會諗起嗰啲不學無術、只會蝦蝦霸霸嘅紈絝子弟了。

豹子頭 林沖

風雪驚魂山神廟

林沖畀高太尉老屈佢私闖白虎堂行刺上司，畀人押到去開封府受審。好在開封府嘅滕府尹都算係個好人，知道高太尉平時專權霸道，林沖九成九都係無辜嘅，於是輕判佢杖責二十，刺配滄州。

林沖受咗二十杖責，又畀人刺咗面，就戴上木枷鎖，由兩個官差董超、薛霸押送去滄州。臨行前，佢拜別咗外父，諗到自己都唔知幾時先可以返到東京，於是又寫低休書畀妻子，話自己唔想耽誤佢嘅一生，希望佢可以改嫁一個好人家。呢一番生離死別，喊到林沖妻子暈倒喺地，真係聞者流淚，聽者心酸。

呢一頭林沖同親人鄰舍揮淚告別，點知另一頭高太尉都仲係唔肯放過林沖。佢私底下叫陸虞候搵到董超同薛霸，送咗二十兩黃金畀佢哋，要佢哋喺路上搵機會殺咗林沖。

董超同薛霸收咗錢，就催住林沖快啲趕路。林沖啱啱畀人打咗二十杖，身上有傷，邊度行得咁快呢？所以行得兩三日就傷口發作，佢成个人得返半條人命。

呢一日，佢哋三個去到一條村嘅客棧住落。董超薛霸猛咁灌林沖飲酒，等林沖飲醉咗，薛霸又倒一盆滾水去叫林沖洗腳。林沖身上戴住木枷彎唔到身，薛霸一下子將林沖對腳揿入个水盆度，当堂淥到林冲对脚熟咗咁滞，又紅又腫好似對豬蹄噉。

第二日一早，董超又攞一對新草鞋畀林沖着，催佢快啲上路。林沖對腳本來已經淥傷咗，再畀對新草鞋一磨，即時鮮血淋漓，行都行唔嘟。

董超同薛霸扶住林沖一路行，行到一座樹林前面。原來呢個地方叫做「野豬林」，係東京去滄州嘅必經之地。董超薛霸行到入樹林，就話要瞌下眼瞓，驚林沖走佬，要將佢綁起身。

林沖唔敢反抗，畀佢兩個綁到實一實。董超薛霸見到萬無一失喇，就攞條水火棍出嚟對林沖話：「林教頭，前幾日陸虞候傳高太尉嘅命令，要我哋兩個攞你條命。你唔好怪我哋啊，我哋都係奉命行事㗎咋。」講完，薛霸舉起水火棍兜頭就打落去。

眼睇住林沖就要冇命，忽然一支鐵禪杖「嗚」一聲飛過嚟，打正薛霸條棍，將條棍打飛咗幾丈遠。佢兩個嚇咗一大跳，跟住只見一個神高神大嘅和尚跳出嚟大喝話：「我等咗你哋好耐啦！」講完，攞起禪杖就要打兩個官差。

林沖定眼一睇，原來係魯智深。佢即時大叫話：「師兄，停手！唔關佢兩個事嘅，佢哋都係奉高太尉陸虞候命令行事啫！」

呢下嘢嚇到董超薛霸兩個腳都軟埋，嘟都唔敢嘟。魯智深一邊解開林沖，一邊解釋話：「我聽講你出咗事，前幾日喺酒樓又聽小二講有個人請兩個官差飲酒，我就懷疑同你有關，所以一路跟住過嚟。正好遇着佢兩個想害你，你等我殺咗佢兩個就算啦。」

董超薛霸聽佢噉講，嚇到猛咁求林沖救命。林沖唔想再惹事，就勸住魯智深叫佢唔好亂殺人。魯智深見林沖求情，噉先放過董超薛霸，叫佢兩個扶住林沖，一齊行出野豬林。

四個人出咗樹林，搵咗部車畀林沖坐，就一路繼續趕路去滄州。今次有魯智深跟住，董超薛霸仲邊度敢作怪？一路之上魯智深話行就行，話停就停，董超薛霸屁都唔敢放一個。

行咗十七八日，眼睇住就快到滄州，魯智深就對董超薛霸話：「你兩個唔好再整蠱作怪，如果唔係，我攞你兩個條狗命！」講完，一禪杖打落路邊棵松樹度，當堂將棵松樹打斷咗，嚇到董超薛霸猛咁話：「唔敢！唔敢！」

於是，魯智深就同林沖告別，自己走咗去喇。

林沖拜別咗魯智深，同董超薛霸繼續前行。行得冇耐，就見到一個大莊園，呢度正係滄州柴進嘅府邸。呢個柴進，坊間稱呼佢做柴大官人，江湖上都稱佢「小旋風」。佢是大周柴世宗嘅嫡系子孫，喺陳橋讓位時有功，太祖皇帝賜咗丹書鐵券畀佢屋企，所以一般地方官府都唔敢惹佢。林沖三個去到門口，正好遇着莊園主人打獵返嚟。只見為首嘅官人生得龍眉鳳目，脣紅齒白，胯下雪白捲毛馬，一副英雄了得嘅模樣。林沖早就聽講滄州呢位柴大官人，向來都喜歡招賢納士，於是上去行禮話：「小人係東京禁軍教頭林沖，因為得罪高太尉，畀開封府刺配滄州。一向聽聞柴大官人仗義好客，所以過嚟拜訪。」

柴進一聽好高興，回禮話：「柴進早就聽聞教頭嘅大名，真係有失遠迎！」講完，就招呼林沖佢哋入莊園，擺開酒席招呼林沖。

兩個人飲得幾杯，正係傾得高興，只見有個壯年男子行咗入嚟，原來係柴進莊園裏面嘅洪教頭。

呢個洪教頭見林沖有枷鎖在身，又見柴進對林沖咁客氣，覺得好唔忿氣，問柴進話：「大官人，呢個人只係個配軍，使乜對佢咁優待啊？」

柴進就話：「呢位係東京八十萬禁軍嘅槍棒教頭，唔係普通人啊。」

洪教頭聽咗就更加唔忿氣，係都要同林沖比試武藝。柴進亦都想睇下林沖嘅本事，於是跟住喺旁邊起哄，攞咗錠二十五兩嘅大銀做彩頭，話邊個贏就畀邊個。

林沖見推託唔過，就請董超薛霸幫自己除咗木枷，同洪教頭各自攞起一條棍棒，擺開架勢。洪教頭心急，舞起條棍就連連進攻。林沖避得幾棍，發現洪教頭腳步都亂晒，於是忽然一個轉身，一棍掃落洪教頭下盤，打正佢腳骨，將洪教頭打到當堂趴咗落地。

大家見洪教頭咁狼狽，一齊哄堂大笑，柴進更加高興，將銀兩同其他禮物送晒畀林沖，仲幫佢寫咗封信畀滄州嘅州尹同管營、差撥，請佢哋幫忙照顧林沖。

第二日，林沖帶住柴進嘅書信去到滄州報到，果然好好待遇，唔單止唔使打一百殺威棒，仲被安排去看守天王堂，算係個好輕鬆嘅差事喇。

林沖喺呢度過咗一段安樂嘅日子。忽然間有一日，附近酒家一個曾經得過林沖恩惠嘅店小二走嚟向林沖通風報信，話有個東京口音嘅軍官嚟到酒家搵管營同差撥，又提到「高太尉」，好可能會對佢不利。

林沖一聽當堂火起三丈，大鬧話：「呢個人一定係陸虞候，呢個惡賊竟然追到過嚟？真係豈有此理！如果畀我見到佢，一定攞佢命！」講完，佢就走去買定把尖刀，準備對付陸虞候。

點知一連過咗五六日，都唔見有咩動靜。呢一日管營忽然將林沖叫過去，話安排佢去看守東門外面十五里嘅草料場。林沖見佢忽然安排個優差畀自己，都有啲心大心細，唔知是禍是福。但又無咩辦法，惟有返去執拾好行李，帶埋把尖刀同支花槍，就同差撥一齊去草料場喇。

呢個時候正係隆冬時節，佢哋一出門就遇上漫天風雪，天地之間一片白茫茫，十分之壯觀。林沖同差撥去到草料場，做完交接，就自己一個人留喺度看守。佢坐得一陣，覺得越坐越凍，於是就走出去附近買啲酒肉，諗住暖下個身。草料場旁邊有座山神廟，佢仲入去拜咗幾拜，希望神靈保佑自己平安順利添。

點知買完酒肉返到去草料場，林沖當堂眼都大晒：原來因為呢場雪實在係太大了，竟然將佢住嗰間草屋都矺（粵音：zaak[3]，讀如「責」）搲咗。林沖冇計，惟有走去間山神廟度過夜，打算等雪停咗再去整翻間草屋。

佢去到山神廟坐落，正喺度飲酒食肉，忽然間聽到出邊

「嗶嗶卜卜」嘅嘅聲。佢出去一睇，即時嚇到面都青埋，原來係草料場燒着咗！

林沖提起條花槍，就諗住走返去草料場救火啦，點知行得幾步就聽到前面有人聲。林沖好警惕，即時匿喺廟門後面，睇下係咩人。

只聽到外面有一個人話：「今次一把大火燒起身，林沖實死梗啦，你哋返去就有得交差啦。」

另一個人答話：「都係多得管營、差撥兩位，我返到東京，一定稟明太尉，幫兩位升職。」

仲有一個跟住話：「今次林沖死咗，嗰個張教頭想唔畀個女跟高衙內都唔得啦。」

林沖一聽，真係「怒從心頭起，惡向膽邊生」，「砰」一聲就推開廟門，見到原來係陸虞候、富安同差撥三個人。佢一手挺起花槍，大喝話：「惡賊，睇你哋今次走得去邊！」講完，起手一槍就將差撥殺咗。

陸虞候見林沖忽然出現，嚇到腳都軟埋，想走都走唔郁。林沖追上兩步，從後一槍殺死埋富安，然後返轉頭一腳踢跌陸虞候，攞把刀出嚟指住佢大鬧：「我同你無冤無仇，你三番四次嚟害我，我唔殺你真係天理難容！」

陸虞候搏命求饒，話自己都係奉命行事，但係林沖呢個時候仲邊度肯聽佢講？一刀插落去，就將佢心肝都挖咗出嚟，陸虞候當堂冇命。

林沖殺咗三個人，亦都唔敢逗留，攞起花槍，帶住酒壺，冒住風雪就離開山神廟喇。

忿氣 ——「忿氣」喺粵語裏面，大約等於「服氣」嘅意思，所以「不服氣」亦都稱為「唔忿氣」。

其實「不忿」呢個講法喺現代普通話裏面仍然常見，例如有「忿忿不平」等等嘅用法。但「忿氣」呢個講法只喺舊體嘅白話文中出現，表示憤怒，例如元代王曄《桃花女》嘅第四折：「我心間無限事，盡在不言中，不由我忿氣沖沖。」但今時今日嘅普通話裏面就已經冇咗呢種講法啦。

喺粵語裏面對呢道「氣」似乎特別重視，除咗「忿氣」，我哋常見嘅講法仲有「條氣唔順」、「戳住道氣」、「谷住啖氣」等講法。

咩嘢係刺配？ —— 喺《水滸傳》裏面，可以見到好多位人物都曾受過「刺配」呢個刑罰。

所謂「刺配」，係「刺字」、「發配」嘅簡化稱呼，係古代一種刑罰方式，包括喺面上刺字，同發配去邊疆荒蕪地區服勞役或兵役。喺宋代，就有唔少犯咗罪嘅人會被發配去軍隊服役。呢個政策一方面可以增加士兵，另一方面可以令呢啲罪犯有條生計，令佢哋有嘢做有力可使，唔至於喺社會上流離浪蕩再次犯罪。例如宋代名將狄青，早年曾經犯過罪故而面上有刺字，但佢後來都憑自己嘅努力，立下大功，最後做到樞密使。皇帝叫佢用藥水洗咗面上嘅刺字，狄青唔肯，話要保留刺字，激勵天下男兒。可見有時人遇到挫折，受到懲罰，都未必完全係一件壞事。

豹子頭 林沖

楊志東京賣寶刀

林沖喺山神廟殺咗陸虞候佢哋三個，知道唔可以再留喺滄州牢城，於是急急腳落山去投奔柴進。住得幾日，佢哋就接到消息話州府發佈公文，懸賞捉拿林沖。林沖怕連累柴進，想要告辭離開，柴進就話：「既然教頭要走，我推薦個去處。喺山東濟州有個水鄉，叫做梁山泊，嗰度有幾百里水泊，裏面有宛子城、蓼兒窪，易守難攻。而家有三位好漢喺嗰度紮營，領頭嘅叫做白衣秀士王倫，第二個叫做摸着天杜遷，第三個叫做雲裏金剛宋萬。佢哋同我頗有交情，我寫一封信畀教頭，你就去嗰度入夥啦。」

林沖多謝過柴進，就帶埋書信一路趕去梁山泊。去到梁山泊附近，遇上大雪，林沖無奈只好行入一個酒家度歇腳。佢一路飲酒一路食肉，又諗起自己蒙受嘅冤屈，忍唔住喺酒家面墻上寫低「仗義是林沖，為人最樸忠，……他年若得志，威震泰山東」嘅詩句。佢剛題完詩想繼續飲酒，就有個人行過嚟同佢打招呼。原來呢位仁兄係梁山泊嘅好漢朱貴。攀談之下，朱貴知道佢係柴進介紹嚟嘅，就好熱情噉將佢帶上山寨。

入到山寨，林沖將柴進嘅書信交畀王倫，王倫睇完就心諗：「呢個林沖係京師禁軍教頭，本事高強。我只係個落第秀才，杜遷、宋萬佢哋武藝都係麻麻哋，以後林沖如果發起惡上嚟要佔咗山寨，我哋點頂得住啊？咪啦，都係諗辦法打發佢走算喇。」

於是王倫就叫人攞咗五十兩白銀出嚟，對林沖話：「我哋山寨人又少，糧草又不足，實在怕耽誤咗林教頭。呢度小小薄禮，請教頭笑納，去搵個大寨容身好過啦。」

林沖見王倫唔肯收留，就猛咁哀求，朱貴、杜遷、宋萬佢哋幾個亦都幫手求情，王倫冇辦法，惟有話：「既然係噉，不如林教頭納個投名狀啦，就以三日為限！」

原來，呢個投名狀係要林沖落山去殺一個人，以表示落草嘅決心。林沖冇辦法，惟有落山去搵人。

但係梁山水泊地處偏僻，平時邊度有人行過？林沖等咗兩日都見唔到人，難免心急如焚。去到第三日，終於喺路上見到有人行過，點知林沖一跳出去，嗰個人就抌低行李雞噉腳走咗去喇。林沖惟有叫個嘍囉將行李攞上山，自己繼續等。過得一陣，只見一個大漢手提朴刀快步走過嚟，一邊行一邊大鬧：「你呢班狗賊，連我嘅行李都夠膽搶？」

只見呢個大漢生得牛高馬大，頭戴氈笠，面上一大塊青色嘅胎記，個樣認真威猛。林沖見佢來勢洶洶，挺起朴刀就迎上去，兩個人你來我往打咗起身。

林沖係禁軍教頭，武藝固然高強，點知呢個大漢亦都唔輸蝕，兩個人各顯神通，一個好似下山猛虎，一個好似水底蛟龍，打咗幾十個回合，都仲係不分勝負。

佢哋正打得興起，只聽到旁邊有人大叫話：「停手，停手！兩位好漢唔好再打啦！」原來係王倫帶住杜遷、宋萬一齊趕到，叫住咗林沖佢哋兩個。

王倫見呢個青面大漢武藝高強，就問佢姓甚名誰。青面大漢話：「我係楊令公嘅後人楊志，人稱青面獸，做過殿司制使。後來因為押送花石綱翻咗船，所以走咗去避難。而家朝廷赦免咗我，我咪帶住啲財物返去東京，諗住去樞密院打點下，搵份差事咯。嗰擔財物可唔可以還翻畀我啊？」

王倫早就聽講過楊志嘅名聲，於是邀請楊志上到山寨，擺開宴席招呼佢，想勸楊志入夥。但係楊志一心要去東京，王倫見勉強唔到，亦就送翻楊志落山。經此一役，林沖終於順利留咗喺山寨，坐第四把交椅。

另一邊廂，楊志到咗京城，去到樞密院打點咗一番，使咗唔少錢，先攞到一份推薦書，希望可以重新擔任殿司制使。點知佢攞住封推薦書去見殿帥高俅，反而畀高俅鬧到一面屁，話佢遺失花石綱又擅離職守，唔肯再用佢，將楊志趕出咗殿司府。

楊志悶悶不樂返到客棧，一時之間都唔知點算好。過得幾日，佢身上啲錢使到差唔多，冇晒辦法，惟有攞出祖傳嘅寶刀，打算去街市變賣，賺啲路費再作打算。

楊志去到街市企咗好耐，都無人問津，正打算搵個熱鬧一啲嘅地方再試一試，忽然見到路上嘅行人紛紛走避。佢定眼一睇，原來係前面行嚟一個又高大又醜樣嘅大漢，飲到醉醺醺，嚇到大家都紛紛避開。

呢個大漢係個出咗名嘅無賴，人稱「冇毛大蟲」牛二，經常喺街市上撩事鬥非，搞到大家都怕晒佢。呢個時候牛二見到楊志攞住把寶刀，就走過嚟問：「你呢把刀賣幾多錢啊？」

楊志答話：「呢把係家傳寶刀，賣三千貫。」

牛二聽咗就唔忿氣喇：「你把咩刀咁巴閉，要賣咁貴啊？」

楊志就話：「我呢把寶刀有三樣厲害，第一斬銅剁鐵刀口唔捲；第二吹毛立斷；第三殺人刀上唔留血。」

牛二唔信邪，於是攞一把銅錢疊成一戙，叫楊志嚟斬。楊志手起刀落，當堂將嗰戙銅錢斬成兩半，睇到周圍嘅人拍晒手掌。

牛二仲係唔忿氣，又搣咗幾條頭髮，放喺刀鋒之上，楊志一啖氣吹過去，嗰幾條頭髮果然即時斷成兩截，紛紛跌晒落地。大家見到更加係大聲喝彩。

牛二條氣更加唔順，又話要見識第三樣。楊志叫佢搵隻狗嚟試刀，點知牛二大叫話：「你話殺人刀上冇血，又唔係殺狗，你夠唔夠膽殺我啊？」

楊志心諗無冤無仇我殺你做乜？就唔想再理牛二。點知呢個牛二見楊志唔理佢，反而撒起賴上嚟，係都要搶楊志把刀，仲郁手打楊志添。楊志忍唔住火滾起身，手起刀落，就將牛二殺死咗。

楊志見殺咗人，唔想連累街坊，於是自己走去衙門自首。一班街坊都紛紛幫佢講情，話佢殺咗牛二簡直係為民除害。最後開封府輕判楊志杖責二十，刺配大名府充軍。

楊志去到大名府，被安排喺大名府留守梁中書手下做事。呢個梁中書係當朝太師蔡京嘅女婿，以前喺東京都見過楊志。佢見楊志做事認真謹慎，就有心提拔楊志。

呢一日，梁中書帶住楊志去到東郭門教場閱兵，只見教場之上軍容鼎盛，鼓角齊鳴，各支部隊縱橫來往演練陣法，十分威風。梁中書睇得一陣，就叫副牌軍周謹出陣，同楊志比試下武藝。

周謹睇唔起楊志係個充軍嘅犯人，大鬧話：「你個賊配軍，夠膽同我比武？」

楊志冇佢咁好氣，挺起長槍就同周謹打起上嚟。兩個人手中嘅長槍都去咗槍頭，蘸上白灰，只要係觸碰到對方身體，大家就一定會見到有白色痕跡。結果佢兩個你來我往打咗四五十個回合之後，眾人見到楊志身上得膊頭上一個白點，而周謹就成隻斑點狗噉，身上有成三四十個斑點。

梁中書見楊志武藝高強，更加高興，又叫佢同周謹比試射箭。楊志就話：「我畀你先射我三箭，我再還翻你三箭。」周謹輸咗一場，心急想爭翻啖氣，即時飛身上馬，追住楊志就連射三箭。點知楊志先係縮入馬肚避開第一箭，又用把弓撥開第二箭，到咗第三箭，乾脆一手接住，睇到大家齊聲喝彩。

之後就輪到楊志射翻周謹了。楊志拍馬跟住周謹，首先虛發一箭，然後趁周謹唔為意，一箭射中周謹膊頭，將周謹當堂射咗落馬。

梁中書睇到興高采烈，拍晒手掌，覺得自己果然冇睇錯楊志。佢正準備安排楊志嘅官職，點知忽然聽到有人大喝話：「咪住，小將不才，願意同楊志再比試一場！」

噴到一面屁 —— 粵語裏面形容畀人鬧到狗血淋頭，稱為畀人「噴到一面屁」，而鬧人鬧得酣暢淋漓，就可以講成係「噴到佢一面屁」。

呢個「噴到一面屁」，其實係一種比喻嘅講法。人往往喺鬧人哋嘅時候聲大夾惡，口氣同口水都一齊噴到對方面上，加上言語難聽，所以就好似對住對方塊面放屁一樣，令對方好難受喇。

投名狀 —— 所謂「投名狀」，原意係指古時一個人加入某團體嘅時候所寫嘅效忠書。因為呢種需要寫效忠書嘅團體，通常都唔合法，所以投名狀亦都往往帶有非法成分。不過淨係寫效忠書份量都唔多夠，所以一啲非法團體仲會要求新加入嘅成員去做一件非法之事，以顯示自己嘅決心，以及同合法社會做切割。呢種做法亦都被稱為「投名狀」。

而喺而家嘅日常生活裏面，其實我哋都會用到呢個詞，比如話形容人加入某個企業或者開始跟隨某位領導嘅時候，需要交出相當嘅業績或者貢獻嚟作「投名狀」喇。

青面獸 楊志
冇毛大蟲 牛二

七星聚義起風雲

話說楊志比武贏咗周謹，梁中書正準備封賞楊志，點知忽然有個人跳出嚟要同楊志再比一場。梁中書定眼一睇，原來係大名府留守司正牌軍索超，人稱「急先鋒」。

梁中書都想再睇睇楊志嘅本事，就岌頭同意。楊志同索超各自披掛上馬，抖擻精神，嚟到五軍陣前。號令官一聲令下，索超揮舞大斧，楊志手提鋼槍，即時就廝殺起上嚟。佢兩個真係棋逢敵手，將遇良材，索超把大斧好似烏雲蓋頂，楊志嘅鋼槍好似火蛇吐信，打咗五十幾個回合，仲係難分難解，不分勝負，睇到一眾將士齊聲喝彩，個個都話從軍咁多年，從來未見過咁精彩嘅比武。

梁中書怕佢兩個有咩閃失，見打得差唔多就叫停楊志同索超，宣佈話兩個人一樣咁好武藝，一齊升任管軍提轄使。於是索超同楊志皆大歡喜，圍觀嘅將士同百姓都拍晒手掌。

自此之後，梁中書對楊志更加賞識，而楊志喺大名府嘅日子亦都過得幾順利。

唔知唔覺到咗端午節，梁中書嘅夫人趁住酒宴提醒佢：「相公而家身為一軍統帥，肩負重任，唔好唔記得係邊個提攜㗎。」

梁中書一聽就知道夫人咩意思，馬上回應話：「夫人你放心，太師六月十五壽辰啊嘛，我已經準備好禮物畀泰山大人㗎啦。不過上次送去嘅財物畀人攔路打劫，今次唔知搵邊個送去好了。」

蔡夫人見個老公咁識做都好開心，就叫佢慢慢物色人選。

梁中書呢邊喺度籌辦禮物，物色人手，而喺另一邊，就有人盼啱佢呢一筆財物啵。

話說喺山東濟州鄆城縣，有兩個都頭，一個叫做朱仝，生得身高八尺，面如重棗，一把長鬚，成個關二哥噉款，人稱「美髯公」。另一個叫做雷橫，因為膂力過人，能夠跳過兩三丈嘅山澗，人稱「插翅虎」。

呢一日新任知縣上任，吩咐佢兩個四圍巡視。結果雷橫出去巡得一陣，就喺靈官廟見到一個打赤膊飲醉酒瞓着覺嘅大隻佬。雷橫見佢唔係本地人，生得又兇神惡煞，於是唔理三七二十一，叫人將佢綁咗起身，準備押返去官府審問。

回程路上，雷橫見天色仲早，於是就決定去附近東溪村嘅保正晁蓋莊上食個早餐先。呢個晁蓋係當地一個富戶，生平最鍾意習練武藝、結交英雄好漢，因為曾經將西溪村嘅寶塔搶過嚟東溪村，所以大家都叫佢做「托塔天王」。

雷橫一行人嚟到，晁蓋馬上開門迎客，好酒好菜招呼佢哋。晁蓋聽雷橫講捉到個賊人，好奇之下就走去見一見。行到過去，只見個大隻佬身高體壯，鬢邊有個硃砂胎記，上面生咗一片黑毛，個樣認真得人驚。晁蓋問佢係何方人士，個大隻佬就話：「我叫做赤髮鬼劉唐，唔係本地人，係專程嚟投奔一位好漢，叫做晁保正嘅，有單大茶飯要益佢。」

晁蓋一聽就笑喇：「我就係晁蓋晁保正，既然係噉，你就認話係我好耐唔見嘅外甥，過嚟尋親啦。」

於是，晁蓋就喺雷橫面前認劉唐係自己外甥，雷橫見晁蓋出聲，劉唐又冇做咩壞事，於是就放咗劉唐，帶住手下離開喇。

雷橫走咗之後，晁蓋就問劉唐有咩好介紹，劉唐答話：「小弟打聽到大名府嘅梁中書籌備咗十萬貫金銀珠寶，準備送去東京畀佢外父蔡太師賀壽。呢啲民脂民膏，唔搶都冇天理啦。我聽聞晁保正武藝高強，所以想同兄長一齊劫咗呢筆不義之財，唔知兄長意下如何呢？」

晁蓋一聽即時心郁，不過因為茲事體大，佢都係叫劉唐喺莊裏面休息一下，再從長計議。

冇耐之後，又有個秀才搵到上門，亦都係嚟搵晁蓋一齊劫梁中書嘅壽禮。呢個秀才叫做吳用，因為足智多謀，江湖上人稱「智多星」。晁蓋聽吳用又係噉講，更加心郁啦，就對吳用話：「我尋晚夢見北斗七星落喺我屋脊之上，唔知係唔係應咗呢件事呢？」

吳用笑住話：「晁保正呢個夢發得好，呢單嘢正係要七個好漢先可以成事，多咗少咗都唔得。」

晁蓋聽佢噉講，就問吳用仲有咩人可以一齊拍檔。吳用諗咗一陣，一拍大髀話：「有啦！喺梁山泊旁邊嘅石碣村有三兄弟，一個叫立地太歲阮小二，一個叫短命二郎阮小五，一個叫活閻羅阮小七，同我都有交情。佢哋三兄弟為人義氣，武藝高強，有佢哋相助，就大事可成啦。」

於是，吳用馬上出發，去搵到阮氏三兄弟。佢哋三個之前一直喺梁山泊以打漁為生，但係呢段時間因為梁山泊山寨嗰班綠林人士經常打家劫舍，仲霸佔埋水泊，搞到佢哋冇啖好食。一聽到吳用話有大茶飯，馬上拍心口應承。

吳用帶住阮氏兄弟返到嚟晁家莊，晁蓋十分歡喜，六個人一齊對天立誓，要同心協力，截劫蔡太師呢一趟生辰綱。

立完誓，六個好漢正喺後堂飲酒，忽然聽講有個道士來訪，係都要見晁蓋，晁家莊嘅莊客想攔住佢，點知仲畀佢打低咗十幾個。

晁蓋聽咗，嗱嗱聲走出去睇下咩回事。出到去一睇，只見個道人相貌非凡，背上一把古銅劍，唔似係普通道人。一問先知，原來呢個道人叫做公孫勝，學得一身道術，可以呼風喚雨、騰雲駕霧，人稱「入雲龍」，亦都係嚟約晁蓋一齊去打劫生辰綱嘅。

晁蓋一聽原來大家嘅目的都一樣，梗係高興啦，將公孫勝請入內堂，同吳用、劉唐、阮氏兄弟見面，然後一齊商量點樣劫取生辰綱。

而北京大名府嗰邊，梁中書籌備好禮物，就想叫楊志帶一隊士兵押送去東京。但係楊志擰晒頭話：「噉樣唔得，嗰啲士兵一聽到有人打劫，就嚇到走夾唔唞，都幫唔上忙嘅。倒不如將禮物裝成十幾個擔挑，叫十幾個健壯嘅士兵扮成腳夫挑住，小人打扮成客商，偷偷哋連夜送去東京，噉就唔容易畀人攔路打劫了。」

梁中書聽咗，大讚楊志有勇有謀。於是搵咗十幾個士兵扮成腳夫，由楊志同三個軍官帶領，帶埋蔡夫人送嘅禮物，連夜啟程就趕去東京汴梁。

大茶飯 —— 大茶飯原意係指酒席飲宴嘅食物。因為以前家境貧寒嘅人飲唔起好茶，平時只能夠飲碎葉茶。而喺酒席飲宴嘅時候就有大葉好茶可以飲，所以啲人就將宴席嘅飯菜以及飲品稱為「大茶飯」。舊時飲宴一般比大家平日嘅伙食要好，「油水」比較豐富。因為「油水」又往往用嚟指利益、着數，所以「大茶飯」後來就被引申為指「利潤豐厚嘅生意」。不過因為呢個詞往往係社會底層人士或者社團人士用得比較多，於是好多時畀人用嚟指非法活動，帶有貶義。

生辰綱 —— 北宋嘅時候，「綱」係指一個運輸隊，所以「生辰綱」，指嘅就係運輸生日禮物嘅運輸隊，通常亦都指貨物本身。

北宋徽宗時期，最有名嘅唔係生辰綱，而係「花石綱」。宋徽宗因為喜歡奇花奇石，中意用佢哋嚟佈置園林，所以就派出官吏周圍咁搜刮奇花奇石。呢啲送去裝點皇家園林嘅花石，就被稱為「花石綱」。因為當時啲官吏貪腐，趁機敲詐勒索，「花石綱」成為咗北宋百姓一個非常沉重嘅負擔。喺江南地區，呢種情況最為嚴重，最後終於導致方腊大起義。而宋徽宗用大量人力財力建起嘅皇家園林「艮嶽」，喺後來靖康之變時，園入面嘅大石頭都被攞去作守城之用了，宋徽宗喜歡奇花奇石嘅興致，最終落得一場空。

聽古仔

立地太歳 阮小二

吳用智取生辰綱

話說楊志打扮成行腳商人，帶上一隊兵丁挑住生辰綱，一路趕去東京汴梁為太師蔡京賀壽。因為擔心有人攔路打劫，楊志唔敢喺夜晚趕路，每日都係等到日光日白先至出發。但呢個時候已經係盛夏，天時暑熱，日头趕路實在好辛苦，搞到班兵丁叫苦連天。

呢一日，佢哋行到一個叫做黃泥岡嘅地方，見到岡上有座小樹林。嗰班兵丁行到入樹林，就一個二個攰到瞓晒喺樹陰下面，點都唔肯再行。楊志冇晒符，惟有畀佢哋休息一陣。

佢哋正喺度唞涼，忽然見到有人探頭探腦喺度張望，楊志即時攞起朴刀就追上去。行到埋去，見到原來係七個賣棗嘅商人，噉先鬆返啖氣。

隔得一陣，佢又見有個人挑住個兩個木桶，一路唱住山歌一路行上山岡，亦都嚟到樹林唞涼。楊志手下啲兵丁就問佢：「你桶裏面嘅係咩嚟㗎？」

嗰個人答話：「係白酒，五貫錢一桶。」

嗰班兵丁正係又熱又渴，於是紛紛攞錢出嚟話要買酒飲。楊志見到就大鬧話：「你班友仔，夠膽亂飲人哋啲酒？知唔知幾多好漢都中過蒙汗藥啊？」

賣酒嘅人見楊志噉講法，亦都鬧返轉頭：「我又冇叫你買，係你自己班人話要買咋！」

呢個時候，嗰七個賣棗嘅商人走埋嚟湊熱鬧，話要買酒飲，仲攞埋自己嘅棗出嚟邊飲邊食，睇到楊志嗰班兵丁流晒口水。

飲完之後，有個賣棗嘅又打開另一個木桶，用個木殼打咗兩殼酒嚟飲。賣酒嘅人見佢白飲唔畀錢，一邊鬧一邊就衝上去搶翻個木殼，將殼裏面剩低嘅酒倒翻落個桶度。

楊志手下啲兵丁再都忍唔住，叫個軍官求楊志畀佢哋買一桶酒。楊志見嗰七個賣棗嘅商人飲咗酒都冇事，嗰個人飲過另外一桶酒亦都冇事，心諗應該都冇咩問題，於是就岌頭應承咗。

嗰班兵丁興高采烈買咗桶酒，仲搵賣棗嘅商人攞咗幾十個棗，當堂食到有滋有味。楊志見大家飲咗酒都冇事，天氣又實在太熱，終於亦都忍唔住飲咗一殼。

飲完之後，賣酒嘅商人挑住兩個空桶，一邊唱住山歌就走咗去。楊志佢哋休息得一陣，正準備繼續上路，只見嗰七個賣棗嘅商人笑唅唅噉對住佢哋話：「揦啦，揦啦！」話音剛落，楊志佢哋就覺得天旋地轉，全身發軟，一個二個跌晒落地，郁都唔郁得。

嗰七個人見計謀得逞，開開心心將楊志佢哋運送嘅生辰綱搬晒上車，施施然噉推住落山，走到無影無蹤。佢哋離開嘅時候，飲酒飲得少嘅楊志最早醒翻，但無奈手腳仲係酸軟，只能眼白白睇住生辰綱畀人搶咗去，一啲辦法都冇，激到佢肺都爆埋。

原來，呢七個賣棗嘅商人，正係晁蓋、吳用、公孫勝、劉唐同阮氏兄弟，而嗰個賣酒嘅人，係晁蓋搵嚟幫手嘅當地人，叫做白日鼠白勝。佢哋之前先係飲咗一桶冇落藥嘅酒，然後將蒙汗藥放喺個木殼度，趁住爭執嘅時候倒翻落第二個木桶裏面，真係神不知鬼不覺。楊志雖然已經好小心，但亦都難免上當。呢個辦法正係智多星吳用嘅計謀，稱為「智取生辰綱」。

過得一排，楊志嘅藥性過咗，終於可以爬翻起身。佢心諗：「今次生辰綱畀人搶咗，我仲有咩面目返去見梁中書？惟有走人係啦！」於是自己攞起朴刀就走咗去。

落咗山之後，楊志喺個酒家遇到咗林沖嘅徒弟曹正，然後又遇上花和尚魯智深。佢哋打聽到喺附近二龍山有個山寨，於是殺到上去將原來嘅寨主鄧龍殺咗，自己做咗山寨之主，帶住幾百個嘍囉喺二龍山落草。

而楊志走咗之後，佢手下嗰班兵丁陸續醒翻過嚟，見生辰綱畀人搶咗，楊志又唔見咗人，都怕返到去畀人追究，乾脆就商量好將責任推晒去楊志身上。等返到軍營，佢哋向梁中書回報話楊志勾結賊人，劫走咗生辰綱。梁中書聽咗激到扎扎跳，馬上寫信畀外父蔡京彙報。蔡京見連續兩年嘅壽禮都畀人打劫，亦都十分氣憤，馬上簽發公文，下令叫濟州府尹務必喺十日之內捉到賊人，追翻生辰綱。

濟州知府接到公文，緊張到不得了，馬上催促緝捕使何濤辦案，仲嚇佢話如果捉唔到賊人就將佢發配充軍。何濤呢下真係頭都大埋，心諗：「一時三刻之間要我去邊度搵打劫生辰綱嘅盜賊先得㗎？」

佢正喺度發愁，忽然佢嘅细佬何清過嚟搵佢，話自己知道盜賊嘅消息。原來呢個何清係個爛賭二，平時交遊十分廣闊。佢之前幫個店小二抄過路客商嘅文書，見到晁蓋佢哋幾個。佢認得晁蓋同白勝，見晁蓋用假名登記，跟住就傳出生辰綱被劫嘅消息，估到應該都係晁蓋佢哋做嘅好事喇，於是就走嚟搵阿哥報料，順便打下抽手。

何濤正係焦頭爛額一籌莫展，忽然得到细佬嚟報料，而且聽落確實有道理，即時成個人都精神晒，馬上走去向知府彙報，然後帶住人馬就去捉拿白勝佢哋了。

白勝諗唔到官差咁快就查到上門，當堂被人贓並獲。喺嚴刑拷打之下，白勝終於將晁蓋供咗出嚟。於是知府下令將白勝收監，然後派何濤帶人去鄆城縣，捉拿晁蓋同其他六個盜賊。

何濤帶人去到鄆城縣衙，見到衙門鬼影都冇隻，就搵咗個茶坊坐低，問個茶博士：「衙門點解冇晒人嘅？今日邊個押司值日啊？」

茶博士答話：「今日早衙啱啱散咗，大家去晒食飯嘛。而家行緊過嚟呢個，咪就係今日值日嘅押司咯。」

何濤定眼一睇，果然見到前面有個吏員行緊過嚟。只見佢生得雖然唔高，皮膚黑黑哋，但係天庭飽滿，氣度不凡。原來呢個押司叫做宋江，字公明，因為平日喜歡結交朋友，仗義疏財，濟困扶危，專門幫人排憂解難，所以人人都稱佢為「及時雨」。

何濤見到宋江，馬上行上去打招呼。兩個人喺茶館坐落，何濤向宋江講明來意，請佢同縣官通報一聲，協助自己去捉人。

宋江一聽嚇咗一跳，心諗：「晁蓋係我嘅好兄弟，我如果唔救佢，佢今次實死梗啦！」於是佢對何濤話：「何觀察你稍等一陣，我哋大人忙咗一個上午，而家喺度休息。我先去通報一聲，請大人返嚟辦案。」

安頓好何濤，宋江即時離開茶坊，偷偷哋上馬，直奔東溪村而去。去到見到晁蓋，宋江開門見山就講：「兄長，黃泥岡事發啦！我冒住性命危險嚟搵你㗎。白勝已經畀官府捉住咗，仲供咗你出嚟。而家濟州府派咗個緝捕帶住太師嘅鈞帖嚟捉你哋。兄長，三十六計走為上計啊！」

晁蓋當堂嚇到面都青晒，猛咁多謝宋江，又介紹佢同吳用、公孫勝、劉唐三個相識。宋江匆匆行咗個禮，就上馬飛奔而去喇。

晁蓋佢哋四個知道形勢緊張，馬上一齊商量點算好。吳用建議話：「我哋可以先去阮氏兄弟嗰度落腳，然後再投奔梁山泊。有咁多錢財開路，佢哋實肯畀我哋入夥嘅。」

大家一聽都覺得呢個辦法好，於是晁蓋就叫吳用同劉唐帶上生辰綱嘅財物，先去石碣村搵阮氏兄弟，自己同公孫勝殿後執拾，然後儘快趕過去匯合。

粵語中嘅「唞」—— 粵語裏面嘅「唞」，讀如「頭」字音，

不過係聲調係升上去嘅。呢個詞係指休息嘅意思，例如唞一唞、唞翻啖大氣、早唞、唞涼等等。其中，「早唞」除咗有同人哋道晚安、叫人早啲休息嘅意思之外，仲有詛咒人快啲死嘅意思。所以喺講「早唞」呢個詞嘅時候，一定要注意自己嘅語氣，否則就會容易引起誤會，畀人認為你帶有惡意詛咒嘅意味啦！

又有人認為，「唞」字嘅本字應該係「透」字，原本係呼吸舒暢之意，例如「唞氣」，後來先至被引申為休息嘅意思，例如形容人哋喺百忙之中抽時間休息，就會講為「吊頸都要唞翻啖氣」。

鈞帖 —— 喺呢一回裏面，講到蔡太師因為生辰綱被盜，向濟州府發出鈞帖。喺明清時期嘅小說當中，我哋不時會見到文中人物提到「鈞帖」呢個詞。

所謂鈞帖，其實係一種尊稱，指有身份、有地位嘅人發出嘅文書、柬帖。所以鈞帖並唔係一種正式嘅公文名稱，可以使用嘅範圍比較廣。一般下級對於上級嘅文書，都可以用「鈞帖」呢個稱呼。用咗呢個稱呼，可以反映到對發出文書嘅人嘅尊重同敬意。

智多星 吳用

火併王倫聚義堂

宋江離開咗東溪村，馬上趕返去見何濤，帶佢入縣衙拜見知縣。知縣見到蔡太師嘅公文，知道大件事，即刻派縣尉同朱仝、雷橫兩個都頭，帶上一大班差役趕去東溪村捉拿晁蓋。

佢哋去到東溪村，朱仝就建議話：「我知道晁蓋莊園有幾條路可以走佬嘅，縣尉相公你同雷橫守住前門，我帶人去後門捉佢。」縣尉覺得呢個辦法好，就叫朱仝帶住幾十個兵卒去守後門。

其實朱仝同雷橫平時同晁蓋交好，兩個都想放晁蓋一馬。所以雷橫去到晁家莊前門，就喺門前打晒火把，大呼小叫，提醒晁蓋快啲走人。

晁蓋呢個時候仲喺度收拾行裝，聽聞官兵殺到，馬上叫莊客四圍咁放火，然後自己就同公孫勝帶住十幾個莊客，從後門殺出去。佢哋一出後門，就見到朱仝手提大刀大喝話：「晁保正你咪走，朱仝喺度等你好耐啦！」

晁蓋同公孫勝搏命向前衝殺，朱仝虛晃一刀，就放佢哋過去了。走得一陣，晁蓋見朱仝拍馬從後面趕過嚟，於是一邊走一邊話：「朱都頭，我平日同你無冤無仇，畀條生路行下好啵！」

朱仝見周圍冇人，先對晁蓋話：「保正，我有心幫你，所以專登叫雷橫守前門，我喺後門放你走㗎。你而家冇其他地方好去㗎啦，一於去梁山泊啦！」

晁蓋多謝過朱仝，快馬加鞭就走咗去。

縣尉見捉唔到晁蓋，惟有捉咗幾個晁家莊嘅莊客，畀何濤帶返去濟州府。一番審問之下，啲莊客就將晁蓋佢哋嘅去向一五一十講晒出嚟，知府馬上下令叫何濤帶五百人馬去石碣村捉人。

呢個時候晁蓋佢哋正喺石碣村商量點樣上梁山泊入夥，忽然聽講大隊官軍又殺到，晁蓋都嚇咗一跳，話：「官軍咁快殺到，我哋不如快啲走人罷啦！」但係阮氏兄弟同公孫勝就話唔使驚，一於殺退官軍先走。於是佢哋做好佈置，等住何濤帶兵過嚟。

好快何濤就帶領五百官兵嚟到石碣村。佢哋第一時間衝入阮小二屋企，但係裏面鬼影都冇隻。附近嘅村民就話佢知：「阮氏兄弟平時都住喺湖裏面，要坐船先入到去㗎。」

何濤冇辦法，惟有搵咗幾十條船，一齊入湖捉人。行得幾里水路，佢忽然聽到前面有人喺度唱歌：「打魚一世蓼兒洼，不種青苗不種麻。酷吏贓官都殺盡，忠心報答趙官家。」

何濤定眼一睇，只見前面有個人撐住條艇仔，旁邊有人認得就話：「呢個就係阮小五喇！」

何濤梗係馬上指揮人馬過去捉人啦，點知阮小五一個筋斗跳落水就唔見咗人。何濤佢哋繼續向前，行得冇耐，又遇到一個人喺度撐艇唱歌，原來係阮小七。阮小七見官軍殺到，出力一撐條竹竿，隻艇又好似支箭噉飆咗入蘆葦蕩入面，一下子又唔見咗。

何濤見前面嘅蘆葦蕩層層疊疊，諗住穩陣起見，都係派幾個官兵帶埋當地嘅村民去探下路好啲。結果一行人去咗兩個時辰都唔見返嚟。何濤又一連派出幾隊人，全部都有去冇回頭。何濤見天色越嚟越暗，再等落去天黑就更加唔好搵人，於是親自帶領一隊官兵，坐住條快艇就衝入去蘆葦蕩。

行得幾里水路，見到側邊岸上有個人拎住把鋤頭行過嚟，何濤問佢之前有冇見到船行過。嗰個人就話：「呢度叫做斷頭溝，啱先見到有人話要捉阮小五，喺前面烏林中打鬥緊啊。」

何濤一聽，馬上叫大家上岸去幫手。點知條船埋到岸邊，兩個官差剛剛跳上岸，就畀嗰個人攞起鋤頭一下一個，將佢哋打晒落水。何濤大吃一驚，正想跳上岸，點知水底忽然伸出一對手，捉住佢對腳一拉，將佢成個拉咗落水。剩低啲官軍正想走人，結果都畀揸鋤頭嘅大漢跳上船打晒落水。

原來，呢個揸鋤頭嘅正係阮小二，喺水底捉人嘅就係阮小七。佢哋捉住咗何濤，將佢綁到一隻粽噉，就同幾個漁夫一齊撐艇返轉頭。

而大隊官軍仲喺港口等緊何濤返嚟，點知忽然間颳起一陣怪風，吹到飛沙走石，幾乎連滿塘荷葉都被吹到飛上半空，而啲攬船索亦全部被吹斷，啲船就逼埋一齊。呢個時候，一條火船突然衝出嚟，將佢哋嘅船全部燒着晒。見到噉嘅情形，班官兵梗係「三十六着，走為上着」啦，個個都想跳落船走人，但嗰度全部都喺爛泥地，人靠雙脚真係行都行唔嘟。一片混亂之際，只見又一條快艇衝過嚟，船頭坐住個道士，正係入雲龍公孫勝。佢手執寶劍大喝話：「一個官兵都唔好放佢走！」

跟喺佢後面嘅有好幾條漁船，船上嘅人就係晁蓋同阮氏兄弟。佢哋帶埋一班漁夫，個個手執魚鈎魚槍，來去如飛，將困喺爛泥地嘅官兵殺個片甲不留。

打咗場大勝仗之後，阮小二對何濤話：「你返去同濟州知府講，我哋石碣村阮氏三雄，東溪村天王晁蓋，唔係嘢少嘅。莫講話你一個知府，就算係蔡太師親臨，我一樣插到佢周身窿！」講完，將何濤兩隻耳仔割咗落嚟，就放佢返去喇。

趕走官軍之後，晁蓋佢哋一齊去到梁山泊附近朱貴開嘅酒店度，對朱貴講清楚來意。朱貴好高興，馬上叫人通知山上嘅首領，然後第二日，朱貴就帶住晁蓋一行人上山，王倫亦都同幾位頭領一齊出門迎接。

雙方見面行過禮，王倫吩咐大排筵席接待晁蓋一行。宴席之上，晁蓋將自己幾個智取生辰綱，打退何濤嘅事講晒畀王倫知。王倫聽咗，嚇到唔知講乜好，隨便應付咗幾句，就安排手下招呼晁蓋佢哋住落。

晁蓋見王倫咁客氣，本來都好高興，覺得自己呢班人犯咗咁大罪，王倫仲肯收留，真係唔話得了。但係吳用就喺旁邊一味冷笑。晁蓋問吳用點解噉嘅反應，吳用答話：「兄長為人耿直，唔識得睇人面色。我睇呢個王倫唔敢收留我哋。如果佢真係有心，一早就可以定落我哋喺寨中嘅位置啦！佢座下嘅林沖，原來係禁軍教頭，一身本事又見識過世面，都只係坐住第四把交椅，可見佢並無容人之心。我睇林沖都唔多服王倫，等我略施小計，要佢哋火併一場先。」

果然，第二日一早，林沖就過嚟拜訪，對晁蓋佢哋話：「我睇王倫氣量狹窄，恐怕唔肯收留各位，所以特意嚟打個招呼。」

吳用故意激佢話：「王頭領如果唔肯收留我哋，我哋惟有另謀生路就係啦。」

林沖馬上話：「各位放心，王倫如果識做，可以重用各位，噉就萬事皆休。如果唔識做嘅，後面嘅事情包喺我身上！量佢呢條蛋散，最終都成唔到咩大事嘅！」講完就告辭而去。

過得一陣，王倫就派人嚟請晁蓋佢哋去山南水寨亭飲宴。晁蓋佢哋去到之後，王倫一味好酒好菜招呼，但係晁蓋一提起聚義嘅事，王倫就唔肯接口。

呢餐飯一路食到午後，見時機差唔多了，王倫就叫手下捧咗五錠大銀出嚟，對晁蓋話：「承蒙各位睇得起，過嚟聚義。但係我哋小小山寨，容唔落咁多真龍，我備咗少少薄禮，萬望各位唔好嫌棄。」

晁蓋都仲未答話，林沖喺旁邊就睇唔過眼了。佢大鬧王倫：「我上次上山，你又係推三阻四。而家難得咁多位豪傑嚟到山寨，你又係噉講嘢法，仲講唔講義氣㗎？」

王倫見林沖發火，梗係鬧返轉頭啦。晁蓋佢哋幾個詐帝勸阻，趁機拉住杜遷、宋萬、朱貴佢哋。林沖一腳踢反張台，攞出把牛耳尖刀，一步衝上嚟捉住王倫大鬧：「你一個壞鬼書生，全靠杜遷先做到山寨之主；柴大官人咁睇重你，出錢出力同你交好，佢推薦我過嚟你都推三阻四。今日咁多豪傑上山聚義，你呢個妒忌賢能嘅賊仔就要趕人哋走，噉嘅氣量，點做得山寨之主？唔殺你留翻嚟有乜用！？」

講完，林沖手起刀落，就將王倫當堂殺死咗。

走佬 —— 呢個詞喺粵語裏面指「逃跑，迅速離開現場」嘅意思。粵語嘅「走」字用法，其實仲保留住一啲古代漢語中嘅含義，例如奔跑、逃跑等。

粵語裏面形容「逃跑」嘅詞語非常豐富，「走佬」只係其中比較直觀易於理解嘅一個。除此之外，還有「着草」、「趯（粵音：dek^{3}）佬」、「散水」、「冇鞋拉屐走」、「棚尾拉箱」、「契弟走得摩」等等。

喺「走佬」呢個詞裏面，「佬」字其實並冇具體含義，可以姑且理解為指「人」。「走佬」可以用於表示逃離現場，也可以形容嗰啲逃避法律責任，或者需要臨時躲避危機而離開匿埋嘅行為。

保正 —— 文中講到托塔天王晁蓋喺鄉裏面擔任保正。所謂「保正」，係古代農村保甲制度之中嘅一個職務。

宋代王安石推行「保甲法」，以十戶為一保，設保長；每五十戶為一大保，設大保長；每十大保為一都保，設正副都保正。後來大家逐漸將保長亦稱為保正，由村民推舉選出。呢個職務類似鄉村裏面嘅鄉長、村長，但並唔係朝廷任命嘅正式官職，亦都冇編制同工資，所以即使係要村民推舉產生，都基本唔會由貧苦人家嚟擔任，而一般係由有聲望有財力，亦有一定眼界見識嘅富戶擔任。

保正最初嘅職責係維護鄉村嘅治安。後來佢哋負責嘅事務越來越多，職能逐漸擴展，甚至接管埋原本由耆長同里正處理嘅一啲鄉間日常事務。喺梁山好漢活動頻繁嘅北宋末年，保正已經成為鄉村治理中嘅重要角色。佢哋不單止負責維護治安、緝捕盜賊，仲要協助官府處理一啲地方行政事務添！

第十回

宋江怒殺閻婆惜

話說林沖殺咗王倫之後，晁蓋佢哋幾個亦都各自揸刀在手戒備。呢個時候，只見林沖手執尖刀大聲話：「王倫心胸狹窄、妒忌賢能，咁多位豪傑過嚟投奔都要將佢哋拒之門外，噉嘅人點做得一寨之主？日後仲邊有膽氣對抗官軍？我今日係為山寨殺佢，而唔係為我自己。晁蓋兄向來仗義疏財，智勇雙全，我要立佢做山寨之主，大家話好唔好？」

大家見林沖咁有氣勢，邊個敢話唔好？於是個個都紛紛附和。晁蓋推辭咗一番，終於拗唔過林沖，就噉坐上咗山寨嘅頭把交椅。接落嚟大家喺聚義廳論定座次，推舉吳用排第二、公孫勝排第三，林沖排第四，後面分別係劉唐、阮氏三雄、杜遷、宋萬同朱貴。

排好座次，晁蓋叫人攞出生辰綱嘅金銀珠寶，發放畀山寨嘅頭目同嘍囉，又連日舉辦宴席，一時之間舉寨歡慶。

然後，晁蓋就安排各位頭領修整山寨、打造兵器、安排船隻、演練水戰，準備隨時應戰。

果然，過得冇幾耐，就有小嘍囉上嚟報告：「濟州府派咗個軍官，帶住一千人馬、四五百條船，準備過嚟圍剿我哋，而家駐紮喺石碣村啊。」

晁蓋大驚失色，問吳用點算好。吳用笑住話：「兄長唔使擔心。正所謂兵來將擋、水來土掩，呢啲都係兵家常事嚟嘅嘛。」講完，就將幾位頭領叫過嚟吩咐咗一番，然後準備應戰了。

而官府嗰邊領軍嘅喺團練使黃安。佢帶住一千幾人，兵分兩路向住梁山泊水寨進發。差唔多去到灘頭嘅時候，只聽到畫角聲響起，前面駛出三條船，每條船都係四個人搖槳，一個人頭戴紅巾，身着紅衫企喺船頭。黃安身邊有人認得，對黃安話：「呢三個就係阮氏兄弟啦！」

黃安一聽，一邊指揮手下衝殺過去，一邊大叫話：「大家即管落力殺賊，我重重有賞！」

佢嗰班手下聽講有獎賞，當然出盡全身之力啦，對住阮氏兄弟猛咁放箭。阮氏兄弟用青狐皮擋住飛箭，掉轉船頭就搏命走人。官軍喺後面窮追不捨，追得幾里路，黃安忽然聽到後面有個手下大叫話：「團練使唔好再追啦！我哋條船之前中咗埋伏，畀人打晒落水啊！」

黃安大吃一驚，嗱嗱聲搖動白旗，指揮船隻返轉頭。點知官軍嘅船隻都未調完頭，周圍已經飆出十幾條船，領頭嘅正係阮氏三雄。黃安正想指揮官軍應戰，忽然聽到蘆葦叢裏面幾聲炮響，又有幾十條船仔喺蘆葦叢裏面衝出嚟，一時之間四面八方都係梁山泊嘅船隻，啲弩箭好似落雨噉射过嚟。

黃安見到勢頭唔對，心諗都係「走為上着」了，於是跳上條快艇就奪路而逃。點知走得冇幾遠，就畀一條小船攔住去路。原來船上嘅係劉唐，佢用個撓鈎搭住黃安條船，飛身跳過嚟一手就捉住黃安，其他嘅官兵見主將被擒，亦都唔敢抵抗，紛紛投降。

呢一仗梁山好漢大獲全勝，不但活捉咗黃安，仲俘虜咗一百幾官兵，搶咗一大批船隻馬匹。晁蓋十分歡喜，吩咐大排筵席，同山寨上下一齊慶功。

宴席之上，晁蓋佢哋幾個講起今次不但逃脫咗官府追捕，仲順利上山聚義，都十分感激宋江同朱仝。吳用就建議話：「宋押司嗰度，可以專門派一位兄弟送啲謝禮過去。另外再搵人去疏通下關係，諗辦法救翻白勝出嚟。」晁蓋聽咗都好贊同，就叫吳用全權操辦。

嗰邊廂濟州府尹接到黃安戰敗被俘嘅消息，正喺度頭痛，忽然接到報告話朝廷安排咗新官過嚟上任。佢即時興高采烈過去迎接新官，將情況對新嚟嘅知府講清楚，就拍拍屁股走人喇。呢次輪到新嚟嘅知府聽到頭都大埋了，佢惟有向朝廷申請軍官，調集兵馬糧草，準備對付梁山泊。

呢一日，濟州府通知各縣防備梁山泊人馬嘅公文傳到去鄆城縣，宋江接到之後心諗：「晁蓋佢哋搞到咁大件事，連黃安都捉埋，呢鑊真係誅九族嘅大罪。唉，萬一有咩閃失點算呢？」

佢處理好公文，就憂心忡忡噉行出去縣城外面飲茶。坐坐下，忽然見到有個大漢身佩腰刀，孭住個大包袱，行色匆匆向縣城趕過去。宋江覺得呢個大漢有啲眼熟，跟上去一問，原來係喺晁家莊見過一次嘅赤髮鬼劉唐。

宋江帶劉唐去個偏僻嘅地方坐低。劉唐對宋江行咗個大禮，對宋江講：「之前全靠恩人你相救，晁蓋哥哥而家做咗梁山泊之主，叫我帶一百兩黃金嚟答謝兄長同朱仝、雷橫兩位都頭。呢度有晁頭領嘅親筆信，請兄長過目。」

宋江睇完封信，順手放入個招文袋度。不過佢點都唔肯收晁蓋嘅謝禮，於是寫咗封回信畀晁蓋，叫劉唐連同黃金一齊攞返去梁山泊。劉唐見宋江咁堅決，亦就唔再堅持，告辭返去山寨喇。

宋江辭別咗劉唐，一路行返自己住處。行到半路，遇到個做媒嘅王婆，請佢幫忙接濟一對死咗老公嘅閻姓母女。宋江平時幫慣人，亦就隨手畀咗啲錢，幫嗰對母女辦理閻公嘅後事。

嗰個閻婆得宋江資助，當然十分感激，又見宋江喺鄆城縣孤家寡人，就請王婆做媒，叫宋江將佢個女閻婆惜收為外室。呢個閻婆惜年方十八，生得貌美如花，又會唱曲，係個風流人物。宋江喺縣城搵咗個地方畀閻婆母女居住，自己就得閒先至過去。

宋江係個鍾意練武嘅好漢，對女色並唔係十分上心。時間一長，閻婆惜就對佢越來越大意見。正好宋江有一日帶咗個同事張文遠過嚟食飯，結果閻婆惜就同張文遠勾搭上咗，好快就打得火熱，對宋江更加係冇好面色。

隔得一排，閻婆怕宋江大意見，就拉住宋江去閻婆惜度過夜。閻婆惜呢個時候淨係掛住張文遠，完全都唔想理宋江，激到宋江第二日一早就嬲爆爆走咗去。點知出咗門先發現漏低咗個招文袋。佢急急腳走返轉頭去攞，但係閻婆惜早就打開咗封信嚟睇，見到宋江返嚟就大聲話：「我以為你做個押司幾巴閉，原來係同劫賊私通嘅！」

嚇到宋江馬上拉住佢話：「細聲啲，細聲啲，畀人聽到就大件事啦。你究竟想點啊？」

閻婆惜話：「你應承我三件事，我就畀翻封信過你。」

宋江猛咁岌頭，問佢邊三件事。閻婆惜話：「第一，你寫封文書畀我改嫁張文遠；第二，你幫我母女置辦嘅嘢，你寫份文書聲明會畀晒我哋；第三，賊人畀你嗰一百兩黃金，你要畀埋我。」

宋江一聽，即時大叫冤枉：「嗰一百兩黃金我都冇收到，點畀你啊？」

閻婆惜梗係打死都唔信啦，於是兩個人就爭執起身。吵吵下，兩人拉扯之間，閻婆惜忽然大叫：「黑宋江殺人喇！」宋江正係火遮眼，聽到佢大叫，一時之間怒從心頭起，乾脆手起刀落，一刀就將閻婆惜當堂殺死咗。

「岌」喺粵語中嘅用法 —— 「岌」字喺粵語裏面有兩個讀音同用法。第一個讀「級」音，例如「岌岌」形容山高嘅樣子，「岌岌可危」就比喻危險。另一個讀「ngap⁶」，係上下擺動或者晃動嘅意思。例如岌頭，就係點頭嘅意思；搖搖岌岌，就係指搖搖晃晃。好多人平時都會講到「岌頭」，但可能未必知道係用呢個字。

如果你要用普通話讀，或者想用漢語拼音打出呢個字，就可以用 jí 呢個拼音喇。

團練使 —— 呢一回寫到去攻打梁山泊嘅係濟州團練使黃安。團練使呢個官職，全稱係團練守捉使，主要負責地方嘅團練，即係地方自衛部隊。

團練使呢個職務最早設立於唐代，負責地方治安同防務。當時佢哋雖然統領一州嘅自衛隊，實際上係一個方鎮或者一州嘅軍政長官，但地位低於節度使。而到咗宋代，實行「強幹弱枝」嘅軍事政策，取消咗節度使嘅職權，變成由朝廷派出三年一輪換嘅知府、知縣去治理地方，亦收翻地方嘅財政、司法等等權力，甚至連地方上最精鋭嘅兵力都收歸中央。從呢個時候開始，團練使逐漸變成一個虛銜，係武官嘅寄祿官職，實際上並唔指揮本州兵馬，甚至唔會喺本州駐防。好似小說裏面講到由團練使領軍去剿匪嘅事，喺真正嘅宋末社會中發生機率就唔係咁高喇。

及時雨 宋江

景陽岡上打老虎

宋江一時衝動殺死咗閻婆惜，知道今次大件事了，於是唪唪聲走咗去。閻婆惜個阿媽閻婆梗係唔肯放過宋江啦，佢即刻走到去縣衙報官。知縣畀佢催得緊要，就派朱仝、雷橫兩位都頭帶住幾十個兵丁，去宋江父兄住嘅宋家莊捉人。

朱仝佢哋去到宋家莊，搵到宋江嘅父親宋太公。宋太公就話：「我呢個仔三年前就已經另立戶籍，同我哋冇晒來往㗎啦，有文書喺度㗎！」朱仝佢哋帶人入屋搜查咗一番，亦都搵唔到宋江。

朱仝見搵唔到人，就叫雷橫帶住兵丁喺外邊等，自己走入佛堂，拉開張供台，搵到個地窖。打開一睇，果然見到宋江匿喺裏面。

宋江見噉都畀朱仝搵到，嚇咗一跳，朱仝就話：「公明哥哥唔好擔心，我唔係嚟捉你嘅。不過你呢單官司出咗人命，好難搞得掂，你匿喺呢度都唔係辦法，不如都係另外搵地方落腳啦。」

講完，朱仝就出翻嚟話真係搵唔到宋江，帶上人馬一齊返去縣衙啦。

宋江等官兵走遠了，就同細佬宋清一齊辭別咗父親，趕去滄州府打算投奔小旋風柴進。兩兄弟日夜兼程，好快就去到柴進嘅莊園。柴進聽講宋江嚟到，馬上趕過嚟迎接。一見面，柴進就好熱情噉行禮話：「久聞及時雨宋公明嘅大名，今日終於有機會見到，真係大慰平生啊！」

宋江馬上還禮話：「宋江區區一個小吏，點擔當得起大官人謬讚啊？」

見完禮之後，宋江將自己怒殺閻婆惜嘅事講畀柴進聽。柴進聽完笑住話：「兄長你放心，嚟到我呢度，官府就唔敢過問㗎啦。」於是佢安排宋江兄弟住落休息，又大排筵席接待佢哋。

呢一餐酒大家飲得好開心，從傍晚一路飲到半夜。宋江飲到七八分醉，有啲頂唔順，就跟住個莊客去廁所。點知佢腳步浮浮，行到廊下嘅時候，一個唔覺意踢到個火爐柄，將裏面啲炭火潑到一個大漢面上。呢個大漢本來得咗瘧疾，畀佢噉一嚇，當堂出咗一身冷汗，之後好快就病好咗喇。不過呢啲係後話了。

講翻畀宋江嚇親嘅呢個時候，個大漢怪責宋江唔小心，發起火上嚟捉住宋江就要打。柴進過嚟拉住佢話：「乜你唔認得呢位押司咩？」

個大漢話：「咩押司啊？比唔比得上鄆城宋押司先？」

柴進聽咗哈哈大笑話：「你真係懵到上心口，你眼前呢位就係鄆城宋押司，及時雨宋公明啊！」

個大漢一聽，當堂跪低向宋江行禮話：「我係咪發緊夢啊？竟然可以喺度見到兄長！我真係有眼不識泰山啊！」

原來，呢個大漢姓武名松，係清河縣人士，生得高大雄壯，十分威武。因為喺家中排行第二，所以江湖上人稱武二郎。佢之前喺清河縣因為酒後傷人，走嚟柴進呢度避難，後來聽講嗰個人冇事，正準備返去，點知又得咗瘧疾，所以一直留喺莊上。

宋江同武松一見如故，後面柴進再請佢飲宴，佢都帶埋武松一齊參加，又出錢幫武松置辦新衫，搞到武松鬼咁感動。

十幾日之後，武松嘅病已經好翻晒。佢雖然唔捨得宋江，但始終都係掛住自己大哥，於是仲係向柴進同宋江告辭，趕返去清河縣喇。宋江一路送咗好幾里路，又送咗十兩銀畀武松做水腳，噉先同武松依依惜別。

武松孭住個包袱，手提一條哨棒，連日趕路返去清河縣。幾日後，佢去到清河縣附近嘅陽谷縣。行行下，佢見到前邊有個酒店，門口掛住一面酒旗，上面寫有「三碗不過岡」五個字。

武松正係又餓又口渴，馬上行入酒店，叫店家送酒菜上嚟。店家攞咗三個碗擺喺武松面前，先斟滿一碗，然後又送上熱菜同牛肉。武松攞起碗酒一飲而盡，大聲讚話：「呢碗酒都幾猛㗎啵，好酒！」佢邊食邊飲，好快就飲咗三大碗酒。

飲完之後，武松等極都唔見店家嚟添酒，就一面拍枱一面大叫話：「店家，做咩唔斟酒啊？」

店家話：「客官，我哋呢種酒，初初入口香醇，但後勁好大，普通人但凡飲得三碗就醉㗎啦，所以叫做三碗不過岡，過往客商都知道㗎。」

武松一聽就唔忿氣喇：「我又唔係冇錢畀，你使咩咁孤寒啊？你睇我幾精神？邊度有醉？」

店家解釋話：「我哋呢個酒叫做透瓶香，又叫做出門醉，後勁真係好大㗎！」

武松邊度肯信，大鬧話：「你亂講啦，你再唔斟酒，我發起惡上嚟，連你間酒鋪都打爛埋啊！」

個店家冇計，惟有繼續幫武松添酒。武松一邊大啖食肉，一邊大碗飲酒，一連飲咗十八碗，噉先心滿意足，拎起包袱哨棒就準備繼續趕路。

店家即時趕上去攔住佢話：「客官慢住！你睇下官府榜文先啦，上面講前邊嘅景陽岡有老虎啊，已經傷咗唔少人㗎啦。官府發文，話只能夠中午時分，大家成羣結隊先可以過岡。不如你等聽日湊夠人先同人哋一齊走啦。」

武松一聽就笑了：「你又亂講了！我自己係清河縣人，呢個景陽岡我行過一二十次喇，邊度有老虎？你要呃都呃第個啦！況且就算有老虎，我武松都唔驚！」

於是，武松唔理個店家，拎起哨棒就向景陽岡行過去。行得一陣，已經係日落時分。武松見到前面有座山神廟，廟門口貼住張榜文，果然有講話景陽岡有老虎，叫過往行人唔好單身過岡。

武松心諗：「哎呀，原來真係有老虎㗎？！不過我而家走返轉頭，實畀個店家笑我。唔理啦，怕佢有牙咩，照行！」

又行得一陣，天色漸漸昏暗，武松酒氣上湧，行到東歪西倒，實在係有啲攰了。佢見到前面有嚿大石頭，走過去一下瓣低，準備瞓翻一覺。點知忽然一陣狂風颳起，樹叢後面竟然跳出一隻吊睛白額大老虎！

武松嚇到大叫一聲，飆晒冷汗，當堂酒都醒咗幾分。佢順手攞起哨棒，一個翻身就企翻落地。嗰隻大老虎飛身一躍，照住武松就撲過嚟。武松一個閃身，閃到去老虎後面。點知隻老虎前爪搭地，條腰一擰，成隻就扻過嚟！要知道隻老虎有成幾百斤重，如果畀佢撞中咗真係命都冇了。好在武松眼明手快，一個閃身又避過咗。

隻老虎見第二招都唔見效，大吼一聲，震到地動山搖，然後豎起嗰條好似鐵棍噉嘅老虎尾，一嘢掹過嚟。武松又再一閃，又避過咗條老虎尾。

呢隻老虎咬人，通常三招就見效，而家三招都搞唔掂武松，難免有啲泄氣。武松睇準個老虎頭，舉起哨棒出行力一棍仆落去。點知佢心急過頭打唔中隻老虎，只打中棵枯樹，連條棍都打斷埋。

武松呢個時候手無寸鐵，隻老虎又再撲到埋身，情況相當危險。但佢正係酒勁上頭，酒壯人膽，當下唔理三七二十一，兩隻手出盡全力撳住個老虎頭。老虎個頭畀人撳住咗，梗係出力掙扎啦，武松就打死都唔肯放手，幾乎將個老虎頭撳到入黃泥裏面。

眼見老虎仲喺度掙扎，武松一不做二不休，舉起砂煲咁大嘅拳頭，出行力係噉打落去，連打咗幾十拳，打到隻老虎眼耳口鼻都飆晒血，終於癱直喺地下，嘟都唔識嘟喇。

粵語中嘅特色動詞 —— 粵語裏面有好多形容動作嘅動詞，平時都經常會使用。但係如果要寫，可能好多人就未必知道應該點寫。例如書面語嘅「甩」，粵語叫做「揈（拼音：hōng，粵音：fing^{6}）」；蓋，粵語叫「扻（拼音：kǎn，粵音：kam^{2}）」；提起，粵語稱為「搦（拼音：nuò，粵音：nik^{1}）」；捶，粵語稱為「抌（拼音：dǎn，粵音：dam^{2}）」；扔，粵語也寫為「掾（拼音：bèng，粵音：dam^{2}）」；按壓，粵語稱為「撳（拼音 qìn，粵音：gam^{6}）」……呢啲動詞喺古漢語裏面能夠搵到相關解釋，而現代書面語同普通話已經唔再用，但喺粵語裏面就得到大量保留，沿用至今。

宋江點解咁有錢？押司係個好賺錢嘅職位？

—— 押司喺宋代地方官府裏面係負責文書等工作嘅吏員。押司唔係朝廷正式嘅官員，一般由地方官員視實際工作需要招募，主要負責稅收同處理訴訟等工作，有一定嘅特權，包括唔需要去服徭役，連衣着都係同普通老百姓唔一樣嘅。而又因為押司直接負責一線工作，掌握一定嘅權力，尤其係打官司嘅時候，押司往往能夠左右案件最終嘅判決，所以都有唔少油水，收入水平唔低。

喺《水滸傳》裏面，宋江作為鄆城縣嘅押司，佢自己嘅家境雖然唔算富貴，但亦都唔窮。而且，宋江一方面為人比較疏爽，另一方面可能喺綠林好漢被判刑，或者其他人落難嘅時候，佢都能夠適當施以援手，所以聲名在外，被稱為「及時雨」。畀佢幫助過嘅人又調轉頭喺金錢上資助翻佢，故此雖然佢自己本身唔係富豪，但就總係可以喺人哋有需要之時資助一二了。

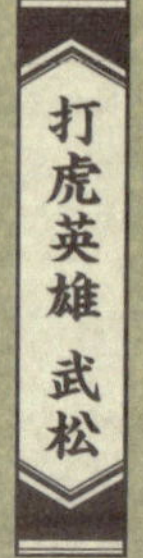
打虎英雄 武松

姦夫淫婦害武大

武松打死咗隻大老虎，本來想拖住落山，但係呢個時候佢攰到周身冇晒力，仲邊度拖得嘟？惟有自己一個人先行落山。行到山腳，正好遇到一班獵戶，佢哋聽武松講話自己打死咗隻老虎，個個都唔肯信。直到武松帶住佢哋返轉頭搵到隻死老虎，又見到武松確實一身血污，噉先信武松真係赤手空拳就打死咗隻大老虎，於是興高采烈一齊抬住隻老虎返去衙門領賞。

陽谷縣嘅百姓聽講有個壯士打死咗景陽岡上嘅老虎，都湧晒出嚟要睇下武松嘅雄風。武松去到陽谷縣縣衙，知縣問清楚佢打虎嘅經過，就要將一千貫賞錢發放畀武松。武松就話：「小人聽聞之前好多獵戶因為呢隻老虎受罰，呢啲賞錢不如發畀佢哋啦。」

知縣見武松高大威武，氣魄非凡，又咁講仁義，對佢十分欣賞，就對武松講：「好，賞錢點安排你自己話事就係啦。你雖然係清河縣人，不過離我哋陽谷縣都好近。我想保舉你喺本縣做個都頭，你覺得點啊？」

武松忽然間搵到份好工，梗係高興啦，馬上行禮向知縣道謝。於是知縣就叫人做好文書，任命武松為陽谷縣步兵都頭。

陽谷縣嘅百姓都感激武松為民除害，所以一連幾日請武松飲宴，十分之熱鬧。

過咗幾日，武松得閒冇事，喺縣城街頭四圍逛，忽然聽到有人叫自己：「武都頭，你而家發咗跡，點解唔嚟睇下我啊？」

武松擰轉身一睇，發現竟然係自己嘅大哥武大郎。佢馬上跪低行禮話：「阿哥，點解你會喺呢度嘅？」

武大郎歎咗口氣話：「我以前成日埋怨你飲酒鬧事，但係你一走，我喺清河縣就畀人蝦到上門，惟有同你阿嫂搬嚟陽谷縣咯。」

原來，武松呢個大哥武大郎生得又矮又醜，畀人叫做「三寸釘谷樹皮」。清河縣有個大戶人家，家中有個婢女叫做潘金蓮，生得十分標致。佢畀主人騷擾，就走去夫人度告狀。結果個主人懷恨在心，倒貼嫁妝將佢嫁咗畀武大郎。

因為武大郎同潘金蓮呢對夫婦外形實在太過唔般配，喺清河縣經常畀人笑，甚至有啲爛仔仲吵到上門，搞到武大郎不勝其煩，乾脆就搬咗過嚟陽谷縣，每日上街賣燒餅為生。佢呢幾日聽講有個姓武嘅壯士打死咗老虎，仲做埋都頭，估到係自己细佬，於是就走嚟搵武松。

武松見翻阿哥，十分高興，即刻跟住武大郎返到屋企，拜見阿嫂潘金蓮。潘金蓮生得貌美如花，被迫嫁咗畀武大郎，心裏面一直都唔忿氣。呢個時候見到武松生得高大威猛，又未成親，忍唔住春心撩動，借啲意就叫武松搬過嚟一齊住，大家好多個照應。

武松份人好單純，諗住而家自己做咗都頭，可以關照下大哥，於是就應承咗。第二日去縣衙稟報過知縣，就執拾行李搬去武大郎屋企住喇。

搬到過去之後，潘金蓮就時不時挑逗武松，一心想同武松相好。但係武松點肯幫自己大哥戴綠帽？所以對潘金蓮嘅舉動詐睇唔到，毫無反應。卒之有一次潘金蓮做得太過出面，武松忍唔住當面鬧咗佢幾句。潘金蓮惱羞成怒，喺武大郎面前倒打一耙，話武松調戲佢。武大郎虽然唔信，但无奈潘金蓮成日喺度喊苦喊忽，武松冇辦法，惟有搬返去縣衙度住。

過得一排，知縣安排武松幫手護送一批銀兩財物去東京。於是武松就擺咗一圍酒席，同阿哥阿嫂道別，臨走前又叮囑武大郎唔好成日出去賣燒餅喇，自己會送家用返嚟。

武松走咗之後，武大郎果然聽佢吩咐，每日只係做一半燒餅，天未黑就返屋企，睇實個老婆。

又過咗一排，有一日到咗傍晚時分，諗住武大郎就快返嚟，潘金蓮就去門口收簾關門。點知佢一個唔覺意，條叉桿跌咗落去，打中路上一個行人。潘金蓮非常唔好意思，即刻就走過去道歉。嗰個人本來想發火嘅，但係一見到潘金蓮咁靚女，當堂冇晒脾氣，反而行咗個禮就走咗去。

原來，呢個人係陽谷縣一間生藥舖嘅老闆，叫做西門慶。佢為人奸詐狡猾，喺縣城交遊廣闊，專門做一啲行賄講數、上下其手嘅事，由此賺咗唔少錢，所以大家都怕晒佢，叫佢做西門大官人。

西門慶見潘金蓮生得貌美如花，我見猶憐，當堂食指大動。一個屈尾十就走去武大郎屋企隔籬嘅王婆茶坊，搵王婆打聽潘金蓮嘅情況。

呢個王婆亦都唔係咩正經人，見西門慶對潘金蓮咁有興趣，都想趁機搵翻啲着數。西門慶出手闊綽，大派銀兩氹到王婆鬼咁高興，於是拍行心口話一定幫西門慶約到潘金蓮見面。

過咗兩日，王婆就走去搵潘金蓮，藉口話想請佢幫忙做衫，約佢第二日過去自己屋企。潘金蓮過去王婆度做咗兩日，就將啲衫做好晒喇。到咗第三日，王婆約埋西門慶上門，話啲衫就係幫西門慶做嘅，要多謝下潘金蓮。然後擺咗一台小酒席，請西門慶同潘金蓮飲酒。

西門慶同潘金蓮兩個乾柴烈火，飲得幾杯就已經開始眉來眼去。於是王婆搵個藉口話要出去買酒，西門慶同潘金蓮兩個就趁機成其好事喇。

自此之後，潘金蓮就時時嚟王婆屋企同西門慶相會，兩個人如膠似漆不知幾快活。不過佢兩個嘅事好快就傳到街知巷聞，惟獨武大郎仲係懵盛盛噉被蒙在鼓裏。

有一日，縣裏面有個叫做鄆哥嘅後生仔，同王婆起咗衝突。佢嬲起上嚟，就走去武大郎嗰度報串，話潘金蓮趁佢出門，喺王婆屋企同西門慶幽會。武大郎一聽梗係嬲啦，即刻走去王婆屋企捉姦。西門慶喺屋裏面聽到武大郎追到上門，嚇到搏命衝出門口。武大郎正想上去拉住佢，點知畀西門慶一腳踢中心口，當堂口吐鮮血，跌咗喺地下。

西門慶走咗之後，王婆同潘金蓮扶住武大郎返屋企休息。武大郎被西門慶踢到重傷，一直瞓喺牀上起唔到身。眼見潘金蓮仲係日日出門，武大郎就話：「我管唔到你咯，但係我細佬武松返嚟一定唔肯過你哋。你如果好好照顧我，我到時就唔出聲，如果唔係我就話畀佢知，等佢嚟幫我主持公道！」

潘金蓮一聽嚇咗一跳，開始閉翳起身，於是走去同西門慶、王婆商量。王婆就出咗條毒計，叫潘金蓮乾脆毒死武大郎，噉就一了百了，以後可以同西門慶雙宿雙棲喇。潘金蓮同西門慶竟然都同意咗！佢哋商量定之後，西門慶返去自己藥房攞咗一包砒霜畀潘金蓮，叫佢混落啲藥度餵畀武大郎食。

呢一晚，潘金蓮煲咗一碗藥，將啲砒霜倒咗落去，然後就去扶起武大郎，餵佢食藥。武大郎食完碗藥，忽然覺得個肚痛到刀割噉，正想大叫，點知畀潘金蓮用張被扤到實晒，叫都叫唔出聲。佢掙扎咗一陣，就七孔流血，一命嗚呼咯。

潘金蓮毒死咗武大郎，叫王婆過嚟整理好屍體，然後第二日就對外宣稱話武大郎得心痛病死咗。西門慶亦都走去打通關節，買通驗屍嘅仵作何九叔，將武大郎當成係正常病死，草草安葬了事。

粵語知多啲

借啲意 —— 喺粵語裏面，「借啲意」係「隨便搵個理由」、

「搵藉口」嘅意思。例如呢一回中講到潘金蓮睇啱咗武松，就「借啲意」叫武松搬過去一齊住。喺呢種情景之下，搵咩嘢理由、藉口其實並唔重要，所以唔一定要將理由、藉口講出嚟。但有時亦都會講「借啲意話自己唔舒服，乘機唔返工」，就係將藉口講埋出嚟。要注意嘅係，呢個「意」字一般喺口語裏面讀第二聲。

仵作即係今日嘅法醫？── 仵作係古代負責檢驗屍體，並負責收斂嘅專業人士。一般仵作唔係官府嘅正式人員，屬於吏員，而民間百姓死亡亦會請仵作幫忙收斂。但係仵作對於古代官府嚟講又係一個不可或缺嘅職務，要檢驗屍首，尤其係關乎命案，就需要仵作負責。佢哋要通過詳細嘅檢驗嚟確定死者嘅死因、分析傷痕位置同形狀，必要時甚至仲要解剖尸體，從而為偵破案件提供科學依據。根據史書中嘅描述，仵作喺驗尸嘅時候，係必須有官府嘅檢驗官在場監督嘅，唔可以單獨行事。

但因為仵作需要經常面對死人，所以古代對於呢類工作比較歧視，仵作嘅社會地位亦好低，賺到嘅錢好少，僅僅夠生活，同現代嘅法醫不可同日而語。

雖然仵作呢一行喺古代被人歧視，但實際上，用我哋今日嘅話嚟講，呢一行屬於技術工種，係專業人士。佢哋擁有好多豐富嘅專業知識，對刑偵同醫學都有好大貢獻。宋朝嘅宋慈就係呢一行嘅翹楚，佢寫嘅《洗冤錄》，係世界上第一部法醫學著作，從十三世紀到十九世紀，沿用咗六百幾年，一直都係審判官必讀嘅經典之作。直到今日為止，呢本書對我哋現代法醫學仍然有重要嘅參考意義。

潘金蓮

第十三回

武松怒殺西門慶

潘金蓮同西門慶害死咗武大郎，快快手手辦埋出殯嘅儀式，就將武大郎嘅屍首火化咗，佢哋自以為呢件事做得神不知鬼不覺。之後，潘金蓮喺屋企樓下設咗個武大郎嘅牌位，佢自己就日日喺樓上同西門慶卿卿我我。

過得一排，武松終於從東京返嚟喇，佢去縣衙向知縣交咗差，就去探望大哥武大郎。點知一入到門口，就見到武大郎嘅牌位，嚇到武松面都青埋，大叫話：「阿嫂，武松返嚟啦！」

呢個時候西門慶正喺樓上同潘金蓮飲酒取樂，一聽到武松嘅叫聲，當堂嚇到屁滾尿流，即刻從後門走咗去。潘金蓮快快手洗晒啲脂粉，就哭哭啼啼噉走落樓，同武松講：「你去咗出公差十幾日，你阿哥忽然得咗個心痛病，病咗幾日就走咗啦！」

武松聽完，心諗：「我從來都冇聽過阿哥話有咩心痛病嘅，呢單嘢莫非有咩古怪？」不過一時之間又冇咩證據，武松亦唔好立亂發作。

於是，武松先去武大郎墓前拜祭咗一番，然後當晚就帶住兩個兵卒，返到武大郎屋企幫阿哥守靈。佢瞓到半夜，忽然覺得冷氣森森，定眼一睇，只見有人從靈牀底下行出嚟，對住佢話：「兄弟，我死得好慘啊！」

武松嚇到成個坐起身，嗰先發現原來係南柯一夢。武松心諗：「阿哥嘅死不明不白，必定有咩隱情，我要去查清楚至得。」

於是第二日一早，武松就走去搵負責安葬武大郎嘅何九叔。何九叔之前雖然收咗西門慶嘅錢，但係佢當時見到武大郎七孔流血面皮紫黑嘅樣，心知肚明佢嘅死有蹊蹺，一定唔係心痛病死咁簡單，所以特登留低咗證據。而家見武松搵到上門，佢早有準備，就將西門慶送畀佢嘅銀兩，同埋武大郎嗰啲顯示佢中咗毒嘅骨頭攞出嚟畀武松睇。武松聽咗之後梗係火滾啦，就拉埋何九叔，仲有之前幫武大郎捉姦嘅鄆哥，一齊去到衙門告狀。

點知個知縣因為收咗西門慶嘅賄賂，話武松證據不足，唔肯立案。武松見知縣唔肯幫忙，乾脆自己搵咗一班街坊過嚟做證人，然後將王婆、潘金蓮捉到去武大郎嘅靈前，指住佢哋大聲話：「各位街坊唔使驚，我今日只係請各位做個證人。王婆，淫婦，你兩個係點樣害死我大哥嘅，快啲從實招來！」

講完，武松左手將王婆捉起身，右手搣出把牛耳尖刀指住佢，嚇到王婆鼻哥窿都冇肉，惟有將自己幫西門慶同潘金蓮通姦嘅事講咗出嚟。

武松叫人將王婆嘅口供記低，然後又一手將潘金蓮捉過嚟，將把刀放喺佢面前。潘金蓮嚇到魂飛魄散，亦惟有一五一十將自己害死武大郎嘅事交代清楚。

武松叫佢兩個喺供詞上簽名畫押，然後一手將潘金蓮拖到武大郎靈前，對住武大郎嘅牌位話：「大哥，兄弟今日要為你報仇雪恨！」講完，手起刀落，就將潘金蓮當堂殺死咗。

殺咗潘金蓮之後，武松帶住佢嘅首級就去搵西門慶。佢打聽到西門慶呢個時候正喺獅子橋下嘅獅子樓飲酒，於是風風火火趕到去獅子樓。上到樓上廂房，只見西門慶正喺度同個朋友聽曲飲酒。武松入到門口，兜口兜面就將潘金蓮嘅首級向西門慶掟過去。西門慶一見到武松，已經嚇到鼻哥窿都冇肉，又見到潘金蓮嘅人頭，更加心驚膽戰啦，正想跳窗走人，武松已經手提尖刀追到埋身。

呢個西門慶其實亦都有翻幾道散手嘅，佢見走唔甩，於是索性同武松打過。只見佢飛起一腳踢中武松右手，將把刀踢咗落街先，然後又一拳向武松打過去。

之但係武松連老虎都打得死，又點會怕你個西門慶？佢閃過西門慶一拳，左手順勢捉住西門慶個膊頭，右手提起西門慶隻左腳，大喝一聲：「落去！」當堂將西門慶從二樓掟咗落街。

西門慶跌到落地，得翻半條人命，全身上下得翻一對眼珠係可以嘟嘅。武松跟手跳埋落樓執起把刀，一刀就將西門慶嘅人頭斬咗落嚟，然後拎住兩個首級返到武大郎靈前拜祭咗一番，就帶埋一班街坊證人，去衙門自首喇。

知縣敬重武松嘅義氣，又諗到佢之前幫自己去一趟東京辦事都算有功，於是從輕發落，只係判咗個杖責四十，刺配充軍，去孟州牢城服役就了事喇。

武松喺陽谷縣坐咗兩個月監，就由兩個公差押送，一路趕去孟州。呢一日，佢哋喺路邊見到有個酒家，就入去坐低，打算食飽再行。酒家得個老闆娘喺度招呼，只見呢個老闆娘生得五大三粗，眼含殺氣，個妝化到鬼咁濃，仲猛咁眼住武松佢哋個包袱。武松見到，心裏面暗自警惕。

坐低之後，老闆娘上咗啲酒肉同饅頭，武松食得幾個，就笑住問：「老闆娘，你呢啲饅頭，喺用狗肉做餡，定係用人肉做餡㗎？」

老闆娘嘻嘻笑咗一聲，詐帝鬧佢話：「客官，你唔好亂講嘢啵，我哋做正當生意㗎。」

你來我往傾得幾句，武松又催老闆娘添酒。老闆娘心諗：「你個賊配軍，自己撞個頭埋嚟就唔好怪我喇！」於是就走去打咗幾壺酒畀武松佢哋三個。

結果武松佢哋飲得一陣，老闆娘就笑吟吟噉話：「瞓着咯，瞓着咯！」

果然，嗰兩個公差應聲瞓低，攤喺地上郁都唔識郁。而武松亦都詐帝瞓着，睇下個老闆娘想點。

只聽到老闆娘叫咗兩個幫手出嚟，要將武松佢哋三個搬入廚房，做人肉饅頭！武松等老闆娘過嚟搬自己嘅時候，忽然間一個翻身，將佢兩隻手捉住，再用膝頭一壓，即時痛到老闆娘鬼殺咁吵，大叫：「好漢饒命啊！」

武松正要再出手，就見到外面有個人衝入嚟求情，原來正係老闆娘嘅老公。

武松見呢個人相貌不凡，亦就放開老闆娘，同佢互通姓名。原來呢個男子叫張青，人稱菜園子，佢老婆叫孫二娘，人稱母夜叉，係已故山夜叉孫元個女。張青早就聽講武松打虎嘅威名，今次見到佢嘅真人更加佩服，又講起之前魯智深都曾經路過呢度，而家去咗二龍山落草。

武松同張青一見如故，仲結拜為兄弟添。武松請張青救翻醒兩個公差，幾個人好好哋食咗一餐，第二日就繼續趕路喇。

又行咗幾日，佢哋去到孟州牢城，只見營門前寫住「安平寨」三個大字。交接完畢之後，武松就等住管營嘅官差嚟安排去向。其他囚犯提醒佢：「一陣差撥嚟到，你記得送啲人情，噉殺威棒就唔使打咁重啦。」

點知武松呢份人食軟唔食硬，個差撥嚟到要好處，武松大聲頂翻佢轉頭話：「我就斗零都冇㗎啦，有本事你打大力啲！」

結果個差撥將武松帶到去點視廳，管營果然就要打武松一百殺威棒。正喺緊要關頭，忽然有個人走埋去管營身邊講咗幾句，管營就話：「呢個武松，路上有病，殺威棒暫且唔打住。」搞到武松一頭霧水。

接落嚟嘅時間，武松喺牢營裏面好食好住，鬼咁好待遇。武松一開頭以為管營同差撥要整蠱佢，但係過咗好幾日，仲係一啲動靜都冇。武松惟有既來之則安之，食得就食，瞓得就瞓喇。

斗零 —— 粵語裏面形容好少，有個講法叫做「斗零咁多」。究竟呢個斗零係咩嚟嘅呢？

原來，斗零係指早年省港地區嘅五仙硬幣，亦就係半角錢（港幣 0.05 元），呢個名係廣東同香港老一輩人習慣上對五仙硬幣嘅稱呼。呢種硬幣喺香港地區一直持續使用到二十世紀八十年代。

廣府地區早年以銀元為主要貨幣，五仙硬幣重三分六釐，所以又叫做「三六」。後來硬幣改用黃銅等合金鑄造，但「斗零」呢個講法仲係得以保留。因為五仙實在係好少錢，所以大家就用「斗零咁多」嚟形容好少喇。

喺乜嘢情況下會被打殺威棒？ —— 喺好多文藝作品裏面，都有關於殺威棒嘅記載。原來，殺威棒一般係指發配充軍嘅犯人到咗邊鎮，當地嘅軍隊統領為咗樹立威信，壓服犯人，會將犯人先打一餐。相傳呢個規矩係宋太祖規定而流傳落嚟嘅。不過一般都係判打十棍二十棍，好少話要打一百棍咁多嘅。事關古代嘅杖刑傷害相當嚴重，一般打到幾十棍就已經好容易出人命。文中提到嘅一百殺威棒，其實應該係文學作品中誇張嘅用法。

如果想唔畀人打殺威棒，其實都有辦法嘅：只要有人證明話呢個犯人有病，或者有其他傷患，噉就可以免除殺威棒了。之但係，最終判斷呢個犯人係咪真有病，權力始終喺落命令嘅軍隊統領嗰度。

喺《水滸傳》中，武松、林沖同宋江三個人都被發配充軍，都應該被判要打殺威棒。只不過林沖知道厲害，況且喺官場時間長咗為人圓滑一啲，好快就決定要奉上金銀以求避禍；宋江因為交遊廣闊朋友眾多，有人幫佢打過招呼自然就可以免除殺威棒；只有武松性格耿直一身江湖人嘅傲氣，唔怕同官員硬碰硬，所以先唔肯向管營低頭。

聽古仔

行者 武松

義憤血濺鴛鴦樓

武松一連幾日好食好住，心裏面始終十分疑惑。呢一日佢終於忍唔住，問送酒菜嚟嘅人：「究竟係邊個叫你攞嘢嚟畀我食㗎？」

嗰個人答話：「係管營相公嘅公子小管營，佢叫做施恩，人稱金眼彪。小管營話等壯士你休養得幾個月，佢再嚟同你相見。」

武松一聽就心急啦：「要等幾個月？急死我啦！你快啲叫你哋小管營嚟同我見面，如果唔係我就唔食佢送嘅酒菜。」

嗰個人冇辦法，惟有返去向施恩報告。過得一陣，施恩就嚟到同武松相見。兩個人行過禮，武松就問施恩：「我只係管營治下嘅囚犯，之前得你幫忙免咗殺威棒，而家又日日咁好招呼，點好意思啊？無功受祿，我食唔落㗎。」

施恩就話：「小弟久聞兄長大名，區區酒菜算得乜嘢？」

武松唔信其中冇因由，仲係一再追問，施恩終於坦白話：「呢度東門外有個地方叫快活林，小弟喺嗰度開咗個酒肉店，生意都好唔錯。點知本營新嚟咗個張團練，帶咗個叫做蔣忠嘅人過嚟。呢個蔣忠功夫十分了得，又生得高大，人稱蔣門神。佢恃住自己好打，唔單止搶咗我盤生意，仲打咗我一身。小弟聽聞兄長武藝高強，所以想請兄長幫忙出咗呢啖氣！」

武松一聽，哈哈大笑話：「我以為咩事要等三幾個月添，打個人仲使擇日嘅？我哋而家就去！」

施恩十分高興，即刻帶住武松去拜見老管營，又大排筵席請武松食咗餐勁嘅。過咗兩日，武松就催住施恩一齊去搵蔣門神喇。

施恩同武松正準備出門，武松忽然話：「我哋今次出門，你要應承我一件事。」

施恩問佢咩事，武松就話：「你同我出城，要無三不過望。」

施恩一頭霧水，問：「咩叫做無三不過望啊？」

武松話：「我同你一路行過去，見到一個酒家，你就請我飲三碗酒，唔夠三碗酒唔行，噉就叫無三不過望。」

施恩一聽嚇咗一跳：「兄長，一路過去起碼十幾個酒家，你噉飲法，未行到地方都醉咗啦，仲點打蔣門神啊？」

武松笑住話：「你放心，我飲一分酒就長一分本事，飲十分酒就有十分本事，唔係喺景陽岡上點打得死老虎啊？」

施恩冇辦法，惟有同武松一路行一路飲，飲咗成幾十碗酒，先終於去到蔣門神嘅酒家附近。武松叫施恩行開，自己就施施然行過去。只見個酒家嘅酒旗上寫住「河陽風月」四個字，裏面櫃枱坐住個美貌婦人，原來係蔣門神新娶嘅妾侍。

武松入到去坐低，酒保就送酒過嚟。武松今次係嚟踢館嘅，梗係乘機發脾氣啦，佢一陣又話啲酒唔好飲，一陣又話要老闆娘陪自己飲酒。

嗰個婦人見武松言語輕佻，正要出聲鬧佢，點知武松忽然一手將佢成個拎咗起身，掟咗落個大酒缸度。其他幾個酒保想過嚟幫手，反而畀武松一手一個，將佢哋全部掟晒落酒缸。

剩低嘅人見唔對路，就走出去報畀蔣門神聽。武松心諗：「等我出去喺大路上打低個蔣門神，畀大家笑下佢都好啵！」

武松行到出路口，正好見到蔣門神跑緊過嚟。武松亦唔同佢廢話，兩個拳頭虛晃一招，下面飛起一腳就踢中蔣門神嘅小腹，痛到佢成個踎咗喺地。武松跟住搶上一步，飛起右腳又踢中蔣門神嘅額頭，當堂將佢踢到成個飛起，跌喺地下唔識郁。呢幾招喺武松生平絕招，叫做「玉環步，鴛鴦腳」，威力實在非同小可，蔣門神邊度頂得住？

武松搶上兩步，舉起個砂煲咁大嘅拳頭，對住蔣門神兜口兜面打落去，打到蔣門神大叫：「好漢饒命，好漢饒命啊！」

武松就話：「你應承我三件事，我就放過你。第一，你將酒店還翻畀金眼彪施恩；第二，你要叫埋快活林嘅好漢，向施恩道歉；第三，你今日交割清楚，就馬上離開孟州返鄉下，如果唔係我見你一次就打你一次！」

蔣門神畀佢打到鼻青面腫，滿面鮮血，邊度敢唔應承？於是噚噚聲將個酒家交翻畀施恩，自己執好包袱就急急腳離開孟州喇。

施恩見武松大展神威打低蔣門神，幫自己搶翻盤生意，對武松佩服到五體投地。老管營亦都十分高興，連日大排筵席招呼武松。

日子過得好快，轉眼間就過咗一個幾月。忽然間有一日，有兩個軍士過嚟搵武松，話孟州兵馬都監張蒙方要調佢過去。呢個張都監係老管營嘅上司，佢叫到，武松惟有跟住軍士過去拜見。

張都監見到武松十分歡喜，話想叫武松做自己親隨。武松見都監咁睇得起自己，亦就盡心盡力幫佢辦事。

過得一排，到咗八月十五，張都監喺後堂鴛鴦樓安排筵席，同自己屋企人飲宴，叫埋武松作陪，仲叫咗個養女玉蘭出嚟唱曲，話要許配畀武松為妻。武松一個高興，不知不覺就飲到醉醺醺，噉先盡興而歸。

到咗半夜，武松忽然間聽到有人大叫「有賊！」佢嚇咗一跳，拎起條棍諗住衝去保護都監。點知佢一入到花園，就畀七八個士兵一擁而上將佢捉住綁咗起身。呢個時候張都監竟然反晒面，話佢偷取錢財，仲喺武松房裏面搵出大筆金銀。

第二日，武松畀人押送到知府嗰度，眼見嗰班衙役如狼似虎，知府又幫住張都監，武松惟有招供話自己確係見財起意要盜取財物，諗住保住條命仔先算。

呢單嘢好快就傳到去施恩嗰度，佢知道武松今次係因為自己先畀人陷害，所以出力幫武松打點。最後知府終於輕判咗武松杖責二十，刺配恩州。

呢一日，武松由兩個公差押送出發去恩州，施恩過嚟送行。武松見施恩鼻青面腫，身上帶傷，就問佢咩回事，施恩就話：「原來張團練買通張都監陷害你，然後蔣門神趁你唔喺度，又搶翻快活林嘅酒家，仲打咗我一身添。」

武松聽咗就安慰佢話：「你唔使急，我遲啲返嚟幫你搵佢哋晦氣。」

辭別咗施恩，武松就同兩個公差出發去恩州。行得八九里路，去到一個叫「飛雲浦」嘅地方，武松見到前面有兩個人手提朴刀喺度同兩個公差猛打眼色。武松知道唔對路，於是詐帝話要去河邊洗手，趁兩個公差行近，一腳一個將兩個公差踢晒落河。嗰兩個人見武松發威，正想走人，武松幾步趕過嚟，擰開木枷，一拳打低一個，然後搶咗把朴刀過嚟，手起刀落就殺咗佢。另外一個人畀武松捉住，惟有招供話：「我係蔣門神嘅徒弟，師傅叫我哋嚟殺你嘅。佢同張團練，張都監喺鴛鴦樓飲酒。」

武松問清楚情況之後，一刀一個，將佢同兩個公差都殺埋。佢越諗越唔忿氣，於是手提朴刀，返去孟州城搵張都監佢哋幾個。

武松之前住喺張都監屋企，熟門熟路，好快就搵到上去鴛鴦樓。去到樓下，正聽到蔣門神喺度講：「我安排咗兩個徒弟過去幫手，今次嗰個武松實死梗啦。」

武松聽到心頭火起，兩步嚟到樓上，第一刀先斬傷蔣門神，第二刀就將張都監人頭都斬咗落嚟。張團練畢竟係個武官，舉起張凳對住武松就打過去。但係佢邊度係武松對手？武松一手接住張凳，順手一推，就將佢推咗落地，跟手一刀就攞咗佢命。蔣門神仲想掙扎，亦都畀武松補多一刀，了結咗性命。

殺完人之後，武松將枱上嘅酒飲個清光，然後用血喺牆上面寫低：「殺人者，打虎武松也」八個大字，噉先拍拍屁股走人。

執包袱 —— 喺粵語裏面對於「被解僱」，有好幾個特別嘅講法，例如「炒魷魚」、「食無情雞」，而「執包袱走人」，算係比較直白嘅一個。

以前嘅商戶好多都為員工提供食宿，所以打工仔都會帶埋包袱被鋪過嚟打工。一但佢哋畀人解僱，自然就要執好行李，打好包離開。所以「執包袱走人」一般係指畀人解僱。又因為「捲鋪蓋」同炒熟嘅魷魚（魷魚未煮熟之前係可以平攤展開嘅，而一旦被煮熟就會自動捲曲起身，冇辦法再展平）相似，所以又叫做「炒魷魚」。

喺古代，如果殺咗人，需要承擔點樣嘅刑罰？

—— 喺《水滸傳》裏面，發生過好多次殺人事件，犯事嘅人往往都係落荒而逃，乃至落草為寇。噉喺古代如果殺咗人，會受點樣嘅刑罰呢？

喺大部分嘅歷史時期，「殺人填命」都係中國人普遍嘅心理認知，所以創立漢朝嘅高祖劉邦入咸陽之後約法三章，都係話「殺人者死」。不過具體到唔同嘅朝代，刑罰規定會有所不同，而且朝廷不定期會有大赦，甚至可以用財產或者其他刑罰（例如宮刑）代替，所以就算殺咗人，都未必一定要殺頭。

宋朝嘅法律制度，係以《宋刑統》為依據。呢部係中國歷史上第一部刻板印行嘅法典，詳細規定咗各種罪行嘅刑罰。《宋刑統》中對殺人罪都分好幾種情況去處罰，例如：「諸謀殺人者，徒三年；已傷者，絞；已殺者，斬。」可見，對於殺人呢個行為，都要分情節輕重去判罰。《水滸傳》中，其實記錄咗好多起殺人案件，但最後都不了了之。我哋從呢種執法不嚴、人情為上嘅情況可以睇出，當時嘅社會已經係貪腐橫行、朝廷治理國家能力每況愈下，亦就更容易理解點解梁山泊一眾人等要造反了。

花榮大鬧清風寨

武松喺飛雲浦同鴛鴦樓大開殺戒，殺嘅張都監張團練更加係朝廷命官，官府梗係緊張啦。知府即刻下令懸賞通緝武松，又派人到各鄉各村逐家逐戶搜捕，一時之間搞到風聲鶴唳。

武松知道自己闖咗大禍，離開孟州城之後一路落荒而逃，喺路上經過菜園子張青夫婦嘅酒家。張青就建議話：「而家官府追得緊，兄長惟有去二龍山搵魯智深、楊志佢哋先係上策。我寫一封信，介紹你上山。」

於是，張青攞出一套頭陀嘅服裝同一把戒刀，幫武松剃咗髮，戴上頭箍遮住刺字，打扮成個行腳頭陀嘅樣，噉樣行喺路上就唔使怕畀官差認出喇。

武松一路趕去二龍山，喺路上因為飲酒同人起衝突。對方領頭係個後生仔，佢打唔過武松，反而畀武松打咗一身。佢哋唔忿氣，於是一班人趁住武松飲醉酒唔小心跌咗落水，將武松捉住帶返去山莊，準備慢慢報仇。

返到去山莊，有個人竟然認得武松，馬上叫人幫佢鬆綁。武松呢個時候酒醒喇，定眼一睇，原來呢個人竟然係宋江。兩個人再次見面，都十分歡喜。武松將自己嘅經歷講畀宋江知，宋江就話：「我之前因為殺咗人，去咗柴大官人莊上避難。呢度嘅孔太公同我係好朋友，就去請我過嚟住一排避下風頭。同你打交嗰個係孔太公嘅細仔，人稱獨火星孔亮，佢仲有個大哥叫做毛頭星孔明。我喺呢度住咗半年，正打算去清風寨投奔花榮，啱好可以同你一齊上路。」

於是，宋江帶武松去拜見過孔太公。孔家兄弟同武松不打不相識，對武松嘅武藝都十分佩服。孔太公好高興，大排筵席招待武松，賓主盡歡，就不在話下喇。

武松喺孔家莊一連住咗十幾日，噉先同宋江辭別咗孔太公同孔氏兄弟，一齊出發。行到半路，兩個人就分道揚鑣，一個去二龍山，一個去清風寨。

宋江一路趕路，好快就去到清風山。只見呢座山巍峨險峻，樹木茂密，飛流瀑布，寒氣森森。宋江掛住睇風景，不知不覺錯過咗住宿嘅時間。佢正喺度擔心，忽然腳下一條絆腳索將佢拉跌喺地，跟住樹林裏面衝出十幾個嘍囉，一齊湧上嚟將佢綁咗起身，話要送佢上山寨，挖個心肝出嚟食，嚇到宋江面都青埋。

上到山寨，班嘍囉向寨主稟報，話捉到個行人，正好用嚟送酒。呢個寨主生得紅髮黃鬚，手長腰闊，人稱錦毛虎燕順。佢出嚟見到宋江，就叫手下嘅嘍囉郁手。宋江長歎一聲話：「諗唔到我宋江今日就死喺呢度了！」

燕順聽到「宋江」兩個字嚇咗一跳，馬上叫手下停手，走過嚟問宋江：「我聽你提起宋江，你同佢咩關係啊？」

宋江就話：「我咪係鄆城押司宋江咯。」

燕順一聽當堂成個跳起，親自幫宋江鬆綁，請宋江坐喺上座，自己就叫埋其他兩個寨主出嚟，一齊對宋江行禮。

宋江嚇到馬上起身回禮，問燕順話：「好漢點解唔殺我，反而行咁大禮呢？」

燕順答話：「小弟有眼不識泰山，差啲害咗英雄性命。我哋早就聽聞及時雨宋公明仗義疏財，濟困扶危，今日有幸得見，實在大慰平生啊！」然後，燕順又向宋江介紹佢兩位兄弟，一個叫白面郎君鄭天壽，一個叫矮腳虎王英。宋江亦都將自己嘅經歷講畀佢哋三個聽。燕順佢哋聽咗都好佩服，一定要留宋江住多幾日，先放佢去清風寨。

宋江喺清風山上每日好酒好菜，同燕順佢哋三個亦都十分投契。呢一日，王英聽聞山下有幾個人抬住頂轎去掃墓，於是帶住幾十個嘍囉，落山將轎裏面嘅婦人搶咗上山，打算做個壓寨夫人。

宋江聽到，覺得王英噉做法有失仁義，於是同燕順、鄭天壽一齊去勸住王英。一問之下，先知道呢個婦人正係清風寨文知寨劉高嘅夫人，宋江心諗：「我正要去投奔花榮，呢個劉高係花榮嘅同僚，我唔救佢夫人好似講唔過去啵。」於是就請王英放咗劉夫人，自己拍心口保證，以後一定會幫佢搵翻個壓寨夫人。

王英雖然唔捨得，但係礙於義氣，惟有應承放人。劉夫人對宋江千多得萬多謝，然後雞噉腳就走咗。宋江喺山寨又住得幾日，亦都辭別三位頭領，去清風寨搵花榮喇。

行得冇耐，宋江就嚟到清風寨所在嘅清風鎮。鎮上嘅人話佢知，清風寨嘅衙門喺城鎮中心，文官劉知寨住喺南邊嘅小寨，武官花榮住喺北邊嘅小寨。宋江問清楚道路，就一路去到北寨門前。

花榮聽聞宋江嚟到，即刻出寨相迎。呢個花榮生得唇紅齒白，劍眉入鬢，因為有一手百步穿楊嘅箭術，所以人稱小李廣。佢一見到宋江，即刻跪低行禮話：「兄長，五六年唔見啦，我聽聞你惹咗官非，一直都十分擔心。而家見到兄長，噉就放心啦。兄長即管喺我呢度長住，唔使擔心嘅。」佢哋講起清風山上發生嘅事，花榮就皺晒眉頭話：「兄長！你真係救錯人了。呢個劉知寨根本就唔係好人，又無本事又做埋晒啲衰嘢，亂行法度無所不為。自從佢嚟咗我哋清風寨上任，就搞到呢度烏煙瘴氣，附近嘅盜賊都唔將我哋放喺眼內了！你救嘅嗰個夫人，亦都成日唆擺劉知寨貪圖賄賂殘害百姓，畀人殺咗佢就啱喇！」宋江噉先知呢個劉知寨夫婦係點樣嘅人。但人都救咗了，佢惟有勸解花榮睇在同僚嘅面子上，唔好激氣了。

之後，宋江就喺清風寨住落。花榮每日好飲好食招呼宋江，仲派人輪流陪佢去清風鎮上面遊玩。宋江為人疏爽大方，出手闊綽，跟住佢嘅人個個都得到唔少打賞，所以寨裏面嘅人個個都敬服佢。

不知不覺，宋江喺清風寨住咗一個幾月，轉眼間就到咗元宵佳節。宋江聽聞當地賀元宵放花燈好熱鬧，就同花榮講想去睇下。花榮唔得閒陪佢，於是叫咗幾個跟班跟住宋江，陪佢一齊去睇花燈。

當晚，宋江同佢哋一齊去到鎮上。只見家家戶戶都搭起燈棚，掛起花燈，去到土地廟前，更加係掛滿晒各式各樣嘅花燈，全鎮嘅居民都湧晒過嚟，熱鬧非凡。

宋江一路行一路睇，十分歡喜。行到一個大院門前，只見有一班人喺度表演雜耍，宋江睇到哈哈大笑。點知佢噉一笑，就畀院裏面嘅人認出咗。原來大院裏面，坐住清風寨文知寨劉高一家，佢老婆一眼認出宋江就係喺清風山上幫自己講話嘅人，於是同劉高講：「嗰個人就係清風山上嘅山賊，快啲捉住佢！」

劉高馬上派人將宋江捉咗起身，宋江梗係打死都唔認，話自己係鄆城張三，係清風山都係畀人打劫嘅。劉高邊度肯信？吩咐將宋江打咗一身，然後鎖起嚟準備解往州府。

嗰邊廂花榮接到消息話宋江畀劉高捉咗，緊張起身，即時披掛上馬，點起幾十個士兵，就殺過去劉高嗰邊搶人。

劉高聽聞花榮殺到，唔夠膽抵擋，只能夠眼白白睇住花榮帶住人一下子衝咗入去，將宋江救返出嚟。

關於「眼」嘅俗語 —— 粵語裏面形容「眼睜睜」，一般稱為「眼白白」，例如呢一回講到劉高眼白白睇住花榮搶走宋江。

除咗眼白白之外，粵語仲有唔少關於眼嘅形容詞，例如形容毫無辦法、一敗塗地嘅局面或結果，叫做「……到眼坦坦」；形容人無法入眠，稱為「眼光光」。除此之外，仲有「眼大大，易學壞（比喻青春年少時容易誤入歧途，實際上眼睛大唔大同係咪容易學壞冇直接聯繫）」等有趣嘅俗語。粵語之豐富多彩，可見一斑。

頭陀係咩人？—— 呢一回入面講到武松打扮成頭陀，以掩人耳目。噉頭陀係咪即係和尚？

原來，頭陀呢個稱謂出自梵語，原意係抖擻，即除去塵垢煩惱，意思係呢個人要去除對衣、食、住等方面嘅貪念，屬於佛教所修嘅苦行之一。後來呢個詞一般用嚟指行腳僧人，或者修行嘅俗家弟子。所以大家一般所講嘅頭陀往往唔需要出家，亦都唔一定要剃髮，我哋喺影視作品裏面就經常見到「帶髮頭陀」嘅形象。

另外，同出家嘅和尚相比，頭陀只有戒牒而冇度牒，表示其身份有所區別。正因為和尚有度牒，即係有身份證明嘅在編僧人，所以可以住喺寺廟度，接受信眾供養，有名嘅僧人社會地位都好高。而頭陀就完全無以上嘅待遇了，只能夠遊歷四方，以苦行僧嘅形象出現。

小李廣 花榮

小李廣大戰秦明

花榮大鬧清風寨，將宋江救咗返嚟，嗰邊廂劉高梗係唔忿氣啦。佢手下正好新嚟咗兩個教頭，於是就叫兩個教頭帶兩百兵丁，去花榮嘅北寨搶人。

花榮聽講劉高派人過嚟，就叫人打開寨門，將一大班人放晒入嚟。佢自己坐喺正廳交椅之上，手玩雕弓，大聲話：「正所謂冤有頭債有主，你哋唔知道花榮嘅本事，就幫劉高賣命。今日就畀你哋見識下。我第一箭，要射大門上左邊門神嘅骨朵頭。」講完，彎弓搭箭，一箭射出去，果然正中左邊門神嘅骨朵頭。

緊接住，花榮攞出第二支箭話：「第二箭，我要射右邊門神頭盔上嘅紅纓。」講完一箭射過去，又係正中紅纓。

花榮再攞出第三支箭話：「第三箭，我要射你哋着白衫嘅教頭心臟。」

花榮呢句說話一出，嚇到嗰個教頭大叫一聲，擰轉身就搏命走咗去。其他人見到領頭個人都走咗，又見花榮咁厲害，仲邊敢囉嗦？於是一大班人話都無咁快一下子就走清光。

花榮趕走咗劉高嘅部下，就對宋江話：「兄長你唔使驚，我就算唔做呢個官，都一定保你平安。」

宋江就話：「你噉樣搞法，劉高一定唔肯放過你，到時告上州府就麻煩啦。不如我漏夜走去清風山，到時劉高再嚟搵你麻煩，你就賴死唔認賬，佢都吹你唔漲啊。」

於是，宋江就連夜離開清風寨，趕路去清風山，打算投靠燕順佢哋。

而劉高見到自己派去嘅人畀花榮趕晒返嚟，知道明鬥鬥唔過花榮。佢估到宋江一定會連夜走人，於是派人去路口埋伏，果然將宋江捉住咗。於是，劉高一邊將宋江收監，另一邊就寫信去青州府，向知府告狀喇。

青州知府叫做慕容彥達，係當今天子徽宗皇帝嘅寵妃慕容貴妃嘅哥哥。佢恃住妹妹得寵，喺青州橫行霸道，殘害良民，胡作非為，好唔得人心。呢個時候佢接到劉高告花榮嘅信，都嚇咗一跳，心諗：「花榮係功臣後代，竟然勾結盜賊？呢單嘢唔係嘢少啵！」

於是，佢將青州兵馬都監黃信叫咗過嚟，請佢去清風鎮協助劉高。呢個黃信武藝高強，喺青州都好出名，人稱鎮三山。佢點起一隊人馬去到清風鎮見到劉高，知道劉高已經將宋江捉住咗，十分高興，就問劉高：「花榮知唔知你捉咗呢個賊匪？」

劉高話花榮仲未知道，黃信就話：「噉就好辦啦，我親自去請花榮過嚟，話幫你哋兩個做和事佬，然後埋伏好軍士，趁佢飲宴嘅時候捉住佢，噉咪搞掂咯！」

於是第二日，黃信就去到花榮嘅營寨，話慕容知府聽聞清風寨文武不和，專門派佢嚟調停，請花榮過去飲宴。

花榮唔知宋江畀人捉咗，老老水水就陪住黃信去到劉高嘅大寨。劉高早就準備好酒宴，花榮入到去同佢哋飲得幾杯，黃信就突然間將個酒杯掟落地，跟住帳幕後面好快噉湧出二三十個軍士，將花榮捉咗起身。

花榮一開頭仲大叫冤枉，點知黃信將宋江拉咗出嚟，搞到佢當堂冇聲出，惟有死撐話宋江係佢親戚，要去向上司辯解。

黃信唔理佢咁多，同劉高點起一百幾兵卒，將宋江同花榮一齊押送返去青州。

點知行咗幾十里，一行人去到一個大樹林嘅時候，只聽到銅鑼聲響，路邊衝出一隊人馬，為首嘅正喺燕順、王英同鄭天壽。

黃信自恃武藝高強，舞起喪門劍就同燕順佢哋三個打咗起身。但係佢雙拳難敵六手，打咗十幾個回合，實在招架唔住，惟有虛晃一招，拍馬落荒而逃。佢手下嗰班兵丁見到主將都走咗，當堂一哄而散，剩低劉高手忙腳亂，一下子就畀山寨嘅嘍囉捉住咗。

燕順佢哋三個將宋江同花榮救翻上山，擺開酒宴幫佢哋定驚。花榮對劉高恨之入骨，一刀就殺咗佢，報咗被擒嘅一箭之仇。

嗰邊廂黃信走到返去清風寨，一邊緊守營寨，一邊派人送信去畀慕容知府，請佢派兵過嚟支援。

慕容知府接到信大吃一驚，即刻叫人去請青州指揮司總管兵馬統制秦明過嚟商量對策。呢個秦明係開州人氏，祖輩都係軍官出身，使一條狼牙棒，有萬夫不當之勇。因為佢性格急躁，講嘢把聲好似打雷噉，所以人稱霹靂火秦明。

秦明嚟到州府，聽慕容知府講花榮造反，十分氣憤，對慕容知府話：「相公你放心，我今晚就點齊兵馬，聽日一早出發。捉唔到花榮，就唔返嚟見你！」

慕容知府一聽好高興，準備好酒食，第二日一早出城勞軍。去到城外，只見秦明披掛整齊，手提狼牙棒，滿身殺氣，部下嘅兵將亦都軍紀嚴明，陣容鼎盛，睇到慕容知府十分歡喜。勞完軍之後，秦明就帶領五百兵馬出發去清風山喇。

而清風山呢邊，燕順、花榮佢哋本來正喺度商量要去攻打清風寨嘅，忽然間接到嘍囉嚟報：「秦明帶住兵馬殺緊過嚟啊！」大家都嚇咗一跳，惟獨花榮就好淡定噉話：「兵來將擋，水來土掩，我哋可以先力敵，再智取。」於是，佢哋商量好對策，準備定當，就等住秦明過嚟。

到咗夜晚，秦明領軍嚟到清風山山腳紮落營寨，第二日一早就指揮軍隊直取清風山，喺一個空曠嘅地方擺好陣勢。跟住只聽到一聲鑼響，山上衝落嚟一隊人馬，為首嘅正係小李廣花榮。

秦明一見到花榮，就破口大罵：「花榮，你係將門之子，世受皇恩，點敢勾結盜賊，背叛朝廷？我今日奉命嚟捉你，你識精嘅就乖乖哋落馬受綁！」

花榮答話：「都係劉高呢條友無中生有，公報私仇，逼得花榮有國難投。秦明，第二個怕你，我花榮唔怕你！」講完就挺槍拍馬，直取秦明。

秦明見花榮殺到，舉起狼牙棒衝上去迎敵，兩邊嘅兵卒亦都搏命搖旗吶喊，齊聲助威。秦明同花榮兩個你來我往，你一槍我一棒，打到飛沙走石、風雲變色，真係棋逢敵手將遇良材，打咗幾十個回合都不分勝負。

花榮見秦明驍勇，再打落去恐怕都未必打得贏，於是撥轉馬頭就向條小路走過去。秦明梗係唔肯放過佢啦，拍馬喺後面窮追不捨。喺呢個你追我趕嘅時候，花榮忽然勒定匹馬，彎弓搭箭，轉身一箭就向秦明射過去，正中秦明頭盔上嘅紅纓，嚇到秦明即時唔敢再追。

嗰邊廂，山寨嘅嘍囉兵見花榮走咗，唔敢戀戰，於是一哄而散走返上山。秦明見敵人敗退，就吩咐部下鳴鑼擂鼓，一齊衝上山，誓要活捉花榮。

老水 —— 喺粵語裏面，有好多同「水」字有關嘅俗語，呢個一方面可能同廣東地區地處水鄉有關，另一方面則因為廣東人認為「水為財」。例如有錢叫「沓水」，把風叫「睇水」，離開叫「散水」，借錢叫「度水」，傾計叫「吹水」，匿埋叫「潛水」……而「老水」，則係指一個人一副老神在在、好有把握嘅樣子，亦都可以講成「老老水水」。而廣府人對於嗰啲早熟嘅細路仔，亦都可以將佢哋形容為「老水」，表示呢啲細路仔年紀雖然唔大但思想同講嘢都好似大人一樣。

知寨係一個咩官？——知府、知州、知縣我哋都聽得多，但喺呢一回裏面提到嘅「知寨」又係咩官職呢？原來喺宋朝，知寨並唔係正式嘅官職，而係地方嘅巡檢官員。大家可以簡單理解為當地嘅差館阿頭（警察局嘅負責人），佢哋嘅薪金係由知縣嗰度出嘅。

宋代嘅地方治安分唔同地區管理，縣城歸縣尉管，鄉村就由巡檢負責，而知寨則係巡檢嘅下屬。知寨嘅職責係緝拿盜賊，維護治安，通常分為文知寨同武知寨，文為正武為副，呢個亦都係宋朝「重文抑武」嘅一貫傳統。其中武知寨係帶兵嘅，所以我哋見到花榮有佢自己可以調動嘅人馬。而佢哋所在嘅清風寨，其實應該係「巡檢司」，即係相當於今時今日警察局噉樣嘅地方。

霹靂火 秦明

施巧計秦明聚義

話說秦明指揮兵馬衝上山想捉花榮，點知山上啲檑木、滾石同灰瓶好似落雨噉打落嚟，殺傷咗唔少兵卒。秦明冇辦法，惟有退返落去，另外再搵路上山。

秦明帶住部隊轉得幾轉，忽然見到西北面出現一隊紅旗兵，秦明馬上指揮部隊追過去啦，點知一轉眼就唔見晒人，道路又畀破壞咗，追唔過去，一軍人馬惟有走返轉頭。

隔得一陣，佢又接到士兵嚟報，話東面有紅旗軍出現。於是秦明又再帶兵趕過去，點知去到又係唔見晒人。如是者一連幾次，搞到秦明嘅部隊人困馬乏，始終都不得要領。秦明份人最心急㗎啦，呢個時候畀人玩到陀陀擰，真係谷到一肚火。佢眼見天色已晚，惟有帶兵落山返去營寨，準備開火煮飯。

點知啱啱煮落飯，外面就鑼鼓喧天，火把通明。秦明出去一睇，原來係花榮陪住宋江，喺半山腰上面飲酒。秦明喺山下破口大罵，花榮就施施然答話：「秦統制，你今日都攰啦，我打贏你都勝之不武。你快啲休息下，我哋聽日再戰。」

秦明邊度吞得落呢啖氣？即刻拍馬上山就要嚟捉花榮同宋江。點知佢上到一半，忽然聽到山下營寨鬼殺咁吵，原來山上嘅火炮火箭係噉射落去，搞到啲士兵湧晒去山邊嘅山坑走避。殊不知佢哋剛剛避開咗火箭，山上就忽然間發大水，啲溪水呼嘯而下，浸死咗好多士兵，勉強爬得上岸嘅，亦都畀山寨嘅嘍囉用撓鈎捉晒返去。

秦明睇到眼火爆，呢一刻佢簡直係怒氣沖天，都唔怕花榮嘅神箭了，拍馬就沿住條小路繼續衝上山。點知衝得幾十步，就連人帶馬跌咗落個陷坑度。兩邊埋伏嘅幾十個撓鈎手齊齊𠺢手，將秦明捉住，押咗上去清風山。

原來，宋江同花榮早就定好計策，先用誘敵之計搞到秦明人困馬乏，然後又用土袋擋住溪水，等秦明嘅士兵走落山坑，就放水浸人。另外又提前挖好陷坑，專等秦明過嚟。

呢一仗，秦明帶嚟嘅士兵死咗一大半，剩低嘅全部畀生擒活捉，一個都冇走甩。

秦明畀班嘍囉押到山上，花榮一見到就即刻起身，親自幫秦明鬆綁，向佢行禮。秦明回禮話：「我戰敗被俘，你哋要殺就殺，做乜咁客氣呢？」

花榮就將宋江同三位頭領介紹畀秦明認識，又將劉高擅自捉拿宋江，逼自己造反嘅事講畀秦明聽。秦明早就聽過宋江嘅名聲，對宋江都十分敬重，仲話要返去稟明知府，幫花榮求情添。

燕順勸秦明話：「總管你失咗幾百兵馬，仲點返去向慕容知府交代？倒不如同我哋一齊落草，好過返去受氣啦。」

秦明擰頭話：「我深受朝廷大恩，點可以背叛朝廷呢？各位要殺就殺，我點都唔會落草㗎喇。」

花榮見秦明唔肯留低，就勸佢先休息一晚，第二日等人同馬都休息好咗再返去都唔遲。秦明推託唔過，於是喺山寨開懷暢飲，休息咗一晚。第二日，秦明瞓醒都已經係辰時喇，佢問山寨眾人攞翻自己嘅盔甲兵器馬匹，就急急腳趕返去青州。點知去到州城附近，就見到前面煙塵滾滾，再行近啲，又見到城外房屋敗壞、死傷無數。秦明行到城下，只見城門緊閉，吊橋高掛，城上士兵如臨大敵。佢大叫城上開門，點知城頭上慕容知府指住佢大鬧：「秦明，你枉為朝廷命官，尋晚帶人嚟城外燒殺搶掠，而家又想呃我哋開城門？」

秦明一頭霧水，對慕容知府話：「相公，我尋日兵敗被擒，一直喺清風山上，點會嚟燒殺搶掠啲老百姓呢？」

慕容知府根本唔理秦明嘅辯解，繼續大鬧：「你呢一身盔甲兵器馬匹，化咗灰我都認得啦！我已經將你老婆殺咗，你咪使旨意呃到我哋開門！」

秦明眼見城頭之上果然掛住自己老婆嘅首級，又心痛又委屈，但又百口莫辯，真係激到肺都爆咁滯。但係呢個時候城上猛咁射箭落嚟，佢惟有拍馬離開，先避過呢場廝殺再作打算。

行得一陣，秦明見到前面轉出嚟一隊人馬，原來係宋江、花榮佢哋。宋江邀請秦明先上山休息，然後再從長計議。秦明上到山寨坐低，宋江帶住花榮、燕順、王英同鄭天壽，忽然一齊跪低向佢行禮。秦明嚇咗一跳，問宋江咩回事，宋江解釋話：「因為秦總管唔肯留低，所以我哋尋晚借咗你嘅盔甲兵器馬匹，叫人扮成總管嘅樣去城外燒殺咗一番，絕咗總管嘅歸路，希望總管可以留喺山寨。而家我哋嚟向你請罪了！」

秦明一聽即時怒氣攻心，本來好想發火嘅，但佢轉念一諗：一來對方以禮相待，二來自己一個人寡不敵眾，呢個時候反面都係唔得。佢惟有收住把火，歎咗口氣話：「各位雖然係好意，但係就害咗我妻子一家咯。」

宋江即時拍心口話：「總管雖然失咗夫人，不過花知寨正好有個妹妹，十分賢惠。我宋江可以做個主婚人，幫佢備好財禮，嫁畀總管。唔知總管你意下如何？」

秦明見宋江同花榮咁有誠心，仲嫁埋個妹畀自己，亦就順水推舟，應承入夥。接住，秦明又自告奮勇，去說服埋黃信入夥，然後發兵攻入清風寨，將花榮嘅家人接返出嚟。

等到花榮一家團聚之後，第二日宋江同黃信就一齊主婚，將花榮嘅妹妹許配畀秦明，然後喺山寨上面大排筵席，一連慶祝咗好幾日。

幾日之後，一眾頭領接到消息，話慕容知府已經寫信去京城，請求朝廷發大軍嚟剿平清風山。宋江就建議話：「清風山呢度地方太細，大軍一到我哋實在難以抵擋。我知道托塔天王晁蓋帶住幾千兵馬喺梁山泊，不如我哋去投奔佢啦？我曾經對佢有救命之恩，佢一定肯收留我哋嘅。」

大家聽咗一齊叫好，於是馬上整理好金銀財物，幾位頭領帶領幾百兵丁，假扮成官軍嘅模樣，分成三隊落山去梁山泊。

宋江同花榮帶隊行喺最前面。佢哋行到一個叫做對影山嘅地方時，只聽到前面鑼鼓聲震天動地，花榮叫車隊停低，自己同宋江帶幾十個兵丁去睇下咩情況。行到山前，只見前面有一隊人馬，領頭嘅少年生得一表人才，身披火麟盔甲，手提一支朱紅色方天畫戟，胯下一匹紅馬，真係好似呂布再世噉樣。佢對住對面大叫話：「今日我就同你比個勝負高低！」

原來，對面另外仲有一隊人馬，領頭嘅亦都係一位少年，手裏面揸住一支銀白色嘅畫戟，全身白衣白甲，同樣英氣非凡。

兩邊擂響戰鼓，兩位少年各自舉起手中畫戟，使出渾身解數，就喺道路中間廝殺咗起身。只見兩支畫戟一道紅光一道白光，好似兩條游龍噉上下盤旋飛舞，睇到人眼花撩亂，打咗三十幾個回合，始終不分勝負。

打打下，佢兩個嘅畫戟因為鬥得太過緊密，兩邊嘅血擋絨條竟然纏喺一齊，拉都拉唔開。花榮見到噉嘅情形，張弓搭箭一箭射過去，正中兩邊絨條交接處，將兩支畫戟當堂分開。旁邊啲兵卒見到咁神準嘅箭術，都忍唔住齊聲喝彩。

兩位少年走過嚟向花榮道謝，聽講佢兩個一個係及時雨宋江，一個係小李廣花榮，就即時跳落馬行禮。原來，紅甲小將叫做呂方，人稱小溫侯，喺呢座對影山落草。而白甲小將叫做郭盛，人稱賽仁貴，正要同呂方搶呢座對影山，所以佢兩個先約咗呢一場比武。

宋江聽完，就勸佢哋不如一齊去投奔梁山泊。呂方同郭盛十分歡喜，亦就點齊人馬，準備跟埋宋江佢哋一齊出發。

眼火爆 —— 粵語裏面有唔少形容發脾氣、發嬲嘅形容詞，例如「眼火爆」、「眼火都飆埋」、「扯火」、「頭殼頂飆煙」、「佛都有火」、「發晒爛渣」等等。

喺呢啲詞語中，亦都有一啲細微嘅區別，例如「眼火爆」呢個詞，一般用於見到某件令人非常憤怒嘅事情或人嘅時候用，例如「見到佢就眼火爆」。如果係聽講某件事，一般就會用其他形容詞，比如話「聽到呢個消息，佢即時嬲到頭殼頂飆煙」之類。

點解大家經常講「落草為寇」？ ——《水滸傳》裏面講嘅係綠林好漢聚義嘅故事。「綠林好漢」呢個詞，出自於《後漢書．劉玄傳》中描述綠林山一帶反抗朝廷暴政嘅聚義軍嘅故事。所以「綠林好漢」後來經常畀大家用嚟形容反抗強權、劫富濟貧嘅英雄人物。

噉喺《水滸傳》中，點解宋江同晁蓋等人一開始都唔願意去梁山泊，話噉樣係「落草為寇」呢？其實呢個成語出自元朝秦簡夫嘅雜劇《趙禮讓肥》：「某今在這宜秋山虎頭寨，落草為寇，也是不得已而為之。」呢個詞裏面嘅「草」係指山林嘅意思。因為古時候，嗰啲打家劫舍、偷呃拐騙嘅強盜，往往為咗避開官府而聚集喺山林之中，而且攔路打劫之類嘅強盜行為亦往往出現喺山林之間，故此「落草為寇」呢個貶義詞算得上深入民心。《水滸傳》嘅作者施耐庵生活喺元末明初嘅時期，用上呢個成語就一啲都唔出奇了。

喺粵語裏面，亦都有「着草」嘅講法，係指潛逃之意。呢度嘅「草」，同「落草為寇」中嘅「草」字意思係一樣嘅。

小溫侯 呂方

小李廣神箭射雁

宋江同花榮說服咗呂方同郭盛，等其他人到齊，本來打算一齊出發去梁山泊。但係宋江忽然話：「咪住先！我哋咁多人馬，好引人注目，一個唔覺意引官軍過嚟就麻烦喇。不如我同燕順先去探下路，你哋再跟上嚟啦。」

於是，宋江同燕順就帶住十幾個跟班先行出發，去梁山泊附近探路。佢哋行咗兩日，已經去到梁山泊附近，見到路邊有個大酒店，就打算入去休息一下。入到酒店之後，見到有位青年客人一個人霸咗張大枱。酒保去同佢商量，叫佢讓張台比宋江佢哋，嗰個青年客人就大大聲話：「做人要講究先嚟後到，憑咩要我讓張枱畀佢哋啊？」

宋江唔想同佢起爭執，但係燕順就睇唔過眼，鬧返轉頭話：「唔讓咪唔讓咯，使唔使咁大聲啊？」

青年客人一聽當堂發火話：「天下間我只讓兩個人，其他嘅人，就算係皇帝嚟咗我都冇面畀！」

宋江好好奇，問佢只讓邊兩個，青年客人就話：「一個係小旋風柴進柴大官人，一個係及時雨呼保義宋公明。」

宋江聽咗哈哈大笑話：「我就係宋江啦，你唔認得啊？」

青年客人認咗一陣，終於確認眼前嘅人就係宋江，佢即刻行禮話：「真係老天爺保佑，我喺呢度遇到兄長。我叫石勇，大家叫我石將軍。我係受你兄弟宋清所託，要攞封家書嚟畀你啊！」講完，就搵出封信件遞畀宋江。

宋江打開一睇，幾乎成個暈低！原來信裏面講，話佢父親最近過咗身，要佢快啲趕返屋企送葬。宋江大喊咗一場，就話要馬上趕返屋企。燕順勸佢先上梁山再走，但係宋江心急如焚，邊度肯再等？於是寫咗封書信畀燕順，叫佢上山之後交畀晁蓋，自己就急急腳走咗去喇。

過得一陣，後面花榮、秦明佢哋帶住人馬趕到，知道宋江走咗，都十分無奈，惟有攞住宋江嘅信去梁山泊。

上到山寨，晁蓋聽講佢哋係宋江介紹嚟嘅，又人強馬壯，十分歡喜，大排筵席招呼佢哋。宴席之上，大家飲酒吹水，講起花榮一箭射斷呂方同郭盛畫戟上嘅絨條，晁蓋就有啲唔信，藐藐嘴話：「真係咁勁？搵日要見識下先得。」

食完飯之後，晁蓋帶住大家參觀山寨，花榮心諗：「啱先晁蓋分明唔信我，等我畀啲本事佢哋睇睇先得。」

正好呢個時候，有一行大雁飛過，花榮攞嚟一副弓箭，對大家話：「啱先講起小弟射斷絨條嘅事，大家好似唔多信，我而家就嚟射一箭，要射雁行裏面第三隻大雁個頭。」

講完，只見花榮拉滿弓弦，向住空中一箭射上去。呢一箭真係弓如滿月，箭似流星，果然射中第三隻大雁。嘍囉跑去將隻大雁執返嚟一睇，真係射正雁頭。睇到大家拍爛手掌，紛紛稱讚花榮係「神臂將軍」。

第二日，因為新嚟嘅頭領入夥，山寨重新排定座次，請花榮坐第五位，秦明因為娶咗花榮個妹，就坐咗第六位，劉唐第七、黃信第八，其他人亦都各自排好座次。

另一邊宋江一路日夜兼程，趕返去宋家莊。去到村口，宋江喺同鄉張社長個酒店度坐落，諗住飲翻杯再返去。張社長見佢眼淚暗流嘅樣子，就問佢：「押司做咩愁容滿面啊？最近朝廷大赦，你應該冇事啦。」

宋江回答話自己因為老父過身，所以悲傷。張社長聽完哈哈大笑：「你唔好講笑啦，令尊半個時辰之前先喺我呢度飲完酒，都不知幾精神。」

宋江一聽覺得好奇怪，馬上趕返屋企，返到去果然見到個老竇咩事都冇。宋太公就話：「係我叫你細佬寫信畀你，呃你話我過咗身嘅。如果唔係，你點肯返嚟呢？近排朝廷冊立皇太子，大赦天下，你嘅罪最多都係判個流放，咁以後就唔使再四圍匿啦。」

到咗夜晚，官府就有捕頭上門，嚟捉拿宋江。宋江好好哋招呼過兩位新捕頭，然後第二日就跟佢哋返去衙門。

宋江喺當地人面廣熟人多，又肯使錢，所以個個都幫住佢，最後知縣只係判咗佢刺配江州就算數喇。

於是，宋江辭別咗父親同兄弟，由兩個公差張千、李萬押送，出發去江州。呢一日，佢哋行到梁山泊附近，忽然前面衝出一隊人馬攔住去路，為首嘅正係赤髮鬼劉唐。劉唐見到宋江佢哋，就喊打喊殺，話要殺咗兩個公差，接宋江上山入夥。

宋江攔住佢話：「你噉做法，係陷我於不仁不義之地，我情願死咗去算啦。」講完，攞起把刀就要自殺。嚇到劉唐馬上拉住佢話：「大哥你唔好咁激動啦，你上山同晁大哥、吳軍師佢哋慢慢商量都唔遲。」

於是，宋江跟住劉唐上咗山寨。入到聚義廳，晁蓋先係多謝宋江當日相救之恩，跟住又猛咁勸宋江留低。但係宋江就點都唔肯，最後大家見勸佢唔郁，吳用就話：「兄長去到江州，可以搵當地兩院押牢節級戴宗戴院長，佢係我好朋友，因為識道術可以日行八百里，所以人稱神行太保。我寫封信畀兄長帶去，到時有個人好照應啊。」

宋江多謝過吳用，喺梁山泊休息咗一晚，就繼續起程去江州。

行咗半個月，佢哋行到一座山嶺前，見到前面有個酒店，就入去坐低休息下，食個飯飲杯酒。點知佢哋飲得幾杯，就一個二個暈低晒。原來呢間酒店係個黑店，見到宋江佢哋有咁大個包袱，諗住一定好多財物，於是落蒙汗藥將佢哋迷暈。

個店家正打算殺咗宋江佢哋滅口，忽然間走咗幾個人過嚟。帶頭嘅大漢同店家係老相識，話正喺度等緊一個過路嘅囚犯。店家一聽就話：「咦？啱先係有個囚犯，由兩個公差押送，喺我酒店度畀我用蒙汗藥迷倒咗。佢哋包袱裏面好多金銀嘅，唔通就係你要搵嘅人？」

個大漢打開宋江個包袱，攞公文出嚟一睇，發現正係自己要等嘅人。佢哋噚噚聲救翻醒宋江，幾個人一齊對宋江行禮話：「我哋唔認得兄長，差啲誤咗兄長性命，真係罪該萬死！」

宋江執翻條命仔，一開始仲以為自己發緊夢。後來見雖然自己唔識呢幾個人，但佢哋態度咁誠懇，於是亦放低戒心，問佢哋幾個姓名。帶頭嗰個大漢答話：「小弟姓李名俊，喺揚子江上做艄公為生，因為熟悉水性，大家都叫我混江龍。呢個店家人稱催命判官李立，我呢兩位兄弟一個叫出洞蛟童威，一個叫翻江蜃童猛。我哋久聞及時雨宋公明嘅大名，知道兄長要路過此地，所以專程嚟見一見啊！」

宋江好高興，同李俊佢哋結拜為兄弟，又同兩個公差去李俊屋企住咗幾日，嚹先告辭繼續上路。

藐嘴係一種點樣嘅神態？ —— 粵語中有個形容神情輕佻無禮嘅講法，叫做「嘴藐藐」，或者「藐嘴藐舌」。

所謂「藐嘴」，其實係一個單邊嘴角輕微上揚、蔑視對方嘅表情，係一種非常冇禮貌嘅表現。所以粵語裏面仲有一個「嘴藐藐，打得少」嘅俗語，通常用於長輩或上司對晚輩或下屬嘅批評，意思係呢個人擺出一副輕蔑睇唔起人嘅神情，真係缺乏管教。用到「打得少」呢種講法，就說明呢個表情確實乞人憎。而喺現代普通話裏面，就只有「藐視」，而冇咗「藐嘴」呢個講法喇。

兩院押牢節級係個咩官？——呢一回講到神行太保戴宗係兩院押牢節級，噉其實呢個「節級」係咩官職呢？

節級呢個官職最早始於唐代，係低級嘅武官。喺一啲歷史文獻當中，軍營中嘅小隊長也被稱為節級，相當於帶一個小隊去執行任務嘅領頭人。但呢種職位往往無咩存在感，屬於隨時可以被撤銷嘅職務。

到咗宋代，節級一般就係指地方上嘅獄吏，大約相當於現代嘅看守所所長，或者小型監獄嘅監獄長。不過呢個職務雖然唔大，並無品級，但係往往能夠掌控犯人嘅生死，所以權力唔細，油水亦都唔少。

小李廣 花榮

宋江初會黑旋風

宋江同兩個官差繼續上路去江州。呢一日，佢哋去到一個市鎮，見到有一羣人圍埋喺度睇嘢。行近望真啲，原來有位好漢喺度賣藝。佢嗰一輪拳腳棍棒舞到虎虎生風，真係身手矯健，武藝不凡，宋江忍唔住大叫一聲：「好功夫！」其他人亦都紛紛喝彩。

嗰位好漢表演完，就攞住個托盤向圍觀嘅人討打賞。點知嗰班人個個淨係得個睇，冇一個人肯畀錢。宋江睇唔過眼，攞咗五兩銀出嚟話：「教頭，我係個戴罪之人，冇咩好嘢，呢度區區銀兩聊表心意啦。」

嗰個人好高興，猛咁多謝宋江。就喺呢個時候，忽然間有個大漢衝過嚟大鬧話：「邊度嚟嘅賊配軍，敢滅我哋揭陽鎮嘅威風？我叫咗大家唔準畀錢佢㗎嘛，你係咪唔畀面啊？」講完就要衝過嚟打宋江。

嗰位賣藝嘅好漢見到，從後面一手搭住個大漢條腰，一手捉住佢條頭巾，輕輕一發力，就將佢撻咗落地。嗰個大漢見打唔過，一仆一碌噉就走咗去。

宋江多謝過賣藝嘅好漢，又請教佢姓名，好漢話：「小弟姓薛名永，家父曾經係老種經略相公麾下嘅軍官。我喺江湖上賣藝為生，大家都叫我病大蟲。請問兄長高姓大名？」

宋江答話：「小可係鄆城縣宋江。」

薛永一聽，即刻拜倒行禮話：「小弟一向聽聞及時雨宋公明嘅名聲，今日一見，果然名不虛傳啊！」

宋江好高興，拉住薛永去酒樓飲酒。點知當地不論酒樓飯店，全部都唔肯接待佢哋，宋江冇辦法，惟有辭別咗薛永，繼續上路。

但呢個時候天色已晚，宋江一行人住唔到客棧，惟有一路向前行。好不容易見到前面有個山莊，於是佢哋走過去求宿。入到去之後，莊主對佢哋好客氣，安排佢哋住落。點知隔得一陣，就見到白天喺鎮上要打佢哋嗰個大漢入嚟，嬲爆爆噉話：「阿爹，激死我啦！今日有個賣藝嘅，未嚟拜我碼頭就走去街頭賣藝，我吩咐大家唔好畀錢佢，點知有個囚犯竟然夠膽打賞佢喎，我已經捉住個賣藝佬了，嗰個囚犯如果畀我捉到，我一定打死佢！」

宋江聽到，嚇到住都唔敢住咯，同兩個官差執起包袱就走人。一路行到江邊，佢哋畀條大江攔住去路，後面又聽到個大漢喊打喊殺。宋江正喺度發愁，忽然間見到蘆葦叢中靜雞雞撐出條艇仔，宋江急忙叫個艄公搭自己過河。點知上船之後冇耐，嗰個艄公攞出一把大刀話要打劫，逼宋江三人留低行李之後跳落條江裏面，唔好留喺佢條船上。

宋江佢哋叫天不應，叫地不靈，唔知點算好，差啲就真係要抱埋一團齊齊跳江了。忽然有條船喺江上飛快噉搖過嚟，企喺船頭嘅正係混江龍李俊。

宋江即時大叫救命，李俊過到嚟，對個艄公話：「呢位就係及時雨宋公明，你幾乎害錯好人喇！」

嗰個艄公聽咗，即刻對宋江行禮道歉話：「大哥你都唔通個姓名，搞到我幾乎做錯事添！」

宋江哈哈一笑，雙方算係解開咗誤會。宋江問嗰位艄公嘅姓名，李俊介紹話：「呢位係我好兄弟，姓張名橫，人稱船火兒。佢仲有個兄弟，叫做浪裏白條張順，喺江州賣魚，兄長去到江州可以去搵搵佢。」

接住，李俊同張橫將宋江接咗上岸，又將之前要打宋江嘅大漢兩兄弟都叫埋過嚟相識。嗰兩兄弟一個叫沒遮攔穆弘，一個叫小遮攔穆春。佢兩個聽講眼前嘅囚犯原來就係宋江，亦都大吃一驚，齊齊向宋江行禮道歉，仲將宋江一行請返去山莊款待，又將薛永放翻出嚟。呢一下大家真係不打不相識，最後結成咗好朋友。

宋江一行喺穆家莊住咗幾日，就繼續出發去江州喇。去到之後，佢哋先去拜見江州知府蔡德章。呢個蔡德章係太師蔡京第九個仔，所以人稱蔡九知府。佢為官貪婪，奢侈無度，好乞人憎嘅。當其時，辦好交接手續之後，兩位公差將宋江送到去江州牢營，就告辭離開喇。

宋江入到牢營，因為仗義疏財，所以裏面嘅人都好關照佢。但佢就係特登唔送人情畀兩院節級啵。過得一排，個節級就忍唔住過嚟搵宋江，指住佢大鬧話：「你個賊配軍，聽聞你個個都送人情，就係唔送畀我啵，係咪睇我唔起啊？知唔知我要治死你，就好似捏死只螞蟻咁容易？」

宋江慢條斯理噉答話：「我唔送禮畀你就要死啊？噉識得梁山泊嘅吳學究又如何呢？」

節級一聽嚇咗一跳，馬上將其他人趕走晒，問宋江係咩人。宋江答話：「我就係山東鄆城宋江。」原來，因為吳用之前叫宋江去到江州可以搵兩院節級戴宗，所以佢先特登演出噉嘅戲。

戴宗聽到宋江嘅姓名，即刻拉住佢出咗牢房，搵到個酒家坐落，對宋江話：「小弟唔知道係兄長駕到，真係得罪晒！」

宋江笑一笑話：「之前言語上有衝撞，節級唔好怪罪啊！其實我都係想同你相識，所以特登唔送例錢畀你，倒唔係唔捨得銀兩。」

佢兩個喺酒樓正係傾得投契，忽然聽到樓下一陣喧鬧，跟住就有人嚟對戴宗話：「戴院長，你嗰個李鐵牛，又喺度搵人借錢，同人起咗衝突啊。」

戴宗一聽，就對宋江話：「我帶個人畀兄長認識。」講完就走咗出去。冇耐之後，戴宗帶住個人行返上樓。只見呢個人生得牛高馬大，成隻黑熊噉款，兩條一字眉連埋一齊，啲鬍鬚好似把鐵刷又密又硬，雙眼圓睜，一副兇神惡煞嘅樣子。

宋江畀佢嚇咗一跳，問戴宗：「呢位係？」

戴宗介紹話：「佢係小弟身邊嘅獄卒，姓李名逵，大家都叫佢黑旋風。」然後又擰轉頭對李逵話：「李逵，呢個就係你成日話要見嘅及時雨宋公明宋大哥喇。」

李逵一聽，興奮到不得了，一下子跪落地下就對宋江猛咁行禮。宋江請李逵坐落，請佢飲咗幾碗酒，又問佢喺樓下吵乜嘢。李逵答話：「我有一錠大銀，押咗喺人地度。我叫佢哋借啲散銀畀我去贖翻嚟，我再還翻畀佢哋，點知條友唔肯借咯。」

宋江一聽就話：「唔使急，我畀你就係啦。」講完，攞出十兩銀畀李逵。李逵一見就高興啦，馬上跳起身話：「大哥，我去換翻錠大銀，就返嚟還錢畀你。」講完，興沖沖就走咗去喇。

戴宗歎咗口氣話：「兄長你唔應該畀錢佢㗎，佢呢份人好賭，攞咗你嘅錢，一定係走去賭錢啦。」

宋江聽咗笑住話：「區區銀兩何足掛齒啊，佢如果輸咗，我再畀啲錢過佢就係啦。我睇佢為人忠直，都幾唔錯啊。」

戴宗岌頭話：「李逵呢個人，本事係幾好，就係為人粗心，又鍾意飲酒，經常打抱不平，飲酒鬧事，我畀佢連累咗唔少，而家成個江州城都怕咗佢了。」

一仆一碌 —— 粵語裏面形容「連滾帶爬」，稱之為「一仆一碌」。呢度嘅「仆」，係指跌倒，即係「仆街」嘅意思，而「碌」則係打滾嘅意思，粵語稱為「碌地」。所以「一仆一碌」，字面意思係先跌落地，然後喺地上打滾，形容十分狼狽嘅樣子。

舊時廣府人民間仲有一種講法，話啲婦人「識生就梅花間竹，唔識生就一仆一碌」，意思就係話如果婦人生細路係一男一女間隔住生（即所謂嘅「梅花間竹」），生活上負擔就會細啲；如果淨係生女，或者淨係生仔，噉生活負擔就會變重而狼狽不堪（如果只生女就無人傳宗接代，如果只生仔就無個女可以幫忙家務，只能自己操持）。

老種經略相公是何人物？——喺《水滸傳》裏面，「老種經略相公」呢個名出現過好多次，但係呢位人物就從來都冇出過場。

呢位「老種經略相公」究竟係何方神聖呢？原來，「老種經略相公」指嘅係北宋「種家軍」嘅名將種師道。種師道嘅先祖係北宋大儒種放，爺爺種世衡、父親種諤都係北宋喺西北地區嘅名將。因為抗擊西夏有功，種師道畀皇帝任命為高級將領，擔任經略安撫使一類嘅職務，所以畀百姓稱為「經略相公」。而佢嘅細佬種師中，亦都係當時嘅名將，被稱為「小種」，亦就係書裏面講到嘅「小種經略相公」喇。

種師道係力主抗金嘅將領，深得百姓愛戴，喺民間威望好高，就連喺金國人心目中亦都係戰神一樣嘅人物。後來金人南下圍困京城，朝廷急急忙忙叫種師道入京守衛。等到種師道同金人幾經周旋之後，皇帝仲係決定同金國議和，仲將主戰派李綱逐出京城。種師道悲憤無奈，冇幾耐就病逝了。佢死後第二年，京師失守。傳說喺護送種師道靈柩返鄉下嘅時候，不但金人軍隊拜服，就連盜賊都對佢嘅靈柩下跪祭拜，可見種師道幾咁得人尊敬。

聽古仔

潯陽樓上題反詩

果然不出戴宗所料，李逵攞咗宋江十兩銀之後，真係走咗去賭錢。不過所謂十賭九輸，賭錢邊度有得贏㗎？李逵三兩下手勢又輸咗一半。佢諗住一定要還錢畀宋江，於是急起上嚟就想搶翻錠銀。人哋梗係唔制啦，李逵發起惡上嚟一輪拳打腳踢，打到班賭仔鬼殺咁吵。李逵搶咗錢擰頭要走，班賭仔喺後面猛咁大嗌，但個個都唔敢追上去。正喺度擾攘，戴宗同宋江趕到了。宋江叫李逵將銀兩還畀人，又自己拎荷包賠錢畀幾個被李逵打傷嘅人。平息咗件事之後佢兩個就帶住李逵繼續去飲酒了。

李逵唔好意思，於是自告奮勇話要去搵幾條靚魚畀宋江試下。點知呢個李逵去到邊都鬧事嘅，佢去到條漁船度，船主人都仲未返，佢就係都要人開艙賣魚畀佢，結果同一大班漁夫又起咗衝突。正係打得熱鬧時，嗰條漁船嘅主人趕到，佢見李逵咁野蠻，就上嚟同李逵打過。但係李逵好似隻牛咁大力，個船主人打佢唔過，仲畀李逵打咗好幾拳。

佢見喺陸地上打唔過李逵，於是一下子跳到條船上，大鬧話：「黑仔，有本事再嚟打過！」

李逵忍唔住氣，亦都跳咗上船。佢都未嘟手，個船夫竹篙輕輕一點，條船就好似支箭噉飆咗去河中心。船夫除低件衫，一身皮膚白雪雪，只見佢兩腳一齊出力，將條船搖到船底朝天，佢同李逵兩個齊齊跌咗落水。

入到水裏面，李逵就唔係人哋手腳咯，畀人揿住喺水裏面猛咁飲水，幾乎浸死咁滯。呢個時候，宋江同戴宗急急忙忙趕到岸邊。宋江見個船夫一身白皮膚，諗起張橫話自己細佬浪裏白條張順喺江州打魚，估到呢個人就係張順，於是請戴宗向住河中心大叫話：「張二哥停手，我哋有你兄長嘅書信，你手下留情啊。」

張順亦都認得戴宗，諗住都係畀翻幾分薄面佢啦，就捉住李逵上咗岸，同戴宗宋江相見。宋江請張順去酒樓坐落，攞出張橫嘅書信。張順一睇，馬上對宋江行禮話：「久聞及時雨宋公明嘅大名，都知道兄長你仗義疏財，濟困扶危，一直無緣相見，原來你同家兄係相識嚟嘅！」

宋江亦都十分歡喜，又介紹李逵畀佢認識，兩個人不打不相識，亦都握手言和了。張順仲專門搵咗幾條金色鯉魚，請宋江嚐一嚐鮮。呢種金色鯉魚係當地特產，十分鮮美，食到宋江停唔到口，四個人盡興而歸。

點知宋江呢一下貪口爽，食完幾條魚之後半夜肚痛到不得了，仲上吐下瀉，一連病咗好幾日，噉先稍稍恢復。

呢一日，宋江覺得身體冇咩事，於是出嚟喺江州城四圍閒逛，行行下，就行到一座酒樓前面。只見酒樓門口掛住蘇東坡寫嘅「潯陽樓」三個大字。宋江心諗：「我早就聽聞江州嘅潯陽樓好出名，咁難得嚟到，一定要上去坐坐先得。」

宋江嚟到樓上，一個人叫咗一枱餸，望住樓外風景自斟自飲，食到不亦樂乎。佢飲多兩杯之後，忍唔住觸景生情，心諗：「我今年都三十有多，雖然結識咗唔少江湖朋友，略有薄名，但就一事無成，而家仲畀人刺配咗嚟呢度，都唔知幾時先可以見翻家中父老咯。」

宋江呢個時候已經飲到半醉，酒氣上湧。激動之下，佢叫酒保攞筆墨嚟，喺白牆上面奮筆疾書，即興寫落一首《西江月》：「自幼曾攻經史，長成亦有權謀。恰如猛虎臥山丘，潛伏爪牙忍受。不幸刺文雙頰，那堪配在江州。他年若得報冤仇，血染潯陽江口。」

寫完，宋江忍唔住手舞足蹈，大笑咗幾聲，又寫落四句詩：「心在山東身在吳，飄蓬江海謾嗟吁。他日若遂凌雲志，敢笑黃巢不丈夫。」

最後，宋江喺下面寫上「鄆城宋江作」五個大字，跟住就腳步浮浮噉走返去營房，倒頭就瞓。第二日一覺瞓醒，佢已經完全都唔記得潯陽樓上寫詩嘅事喇。

俗話講「人有旦夕禍福」，呢一次真係整定宋江唔好彩。當時江州附近嘅無為軍有個通判，叫做黃文炳。佢呢個人心胸狹窄，妒忌賢能，經常過嚟江州擦蔡九知府嘅鞋，希望蔡太師可以提攜下自己。呢一日，佢嚟到潯陽樓，正好睇到宋江留低嘅詩詞。黃文炳睇完之後大吃一驚，走到去蔡九知府嗰度告狀：「呢個宋江噉講嘢法，分明想造反啵！」

蔡九知府聽咗，就叫戴宗去將宋江捉過嚟審問。戴宗嚇咗一跳，嗱嗱臨走去搵宋江，教佢詐癲扮傻，睇下可唔可以瞞天過海。

點知嗰個黃文炳一心想搞大件事，搵晒牢營裏面嘅人嚟問話，查到宋江一直都好哋哋，邊度有乜嘢瘋病？於是蔡九知府將宋江痛打咗一餐，宋江冇計，惟有招供話詩詞係自己酒後亂寫嘅。

蔡九知府同黃文炳一商量，覺得將呢單案做大佢，分分鐘可能有得升職，於是決定寫封信送去京城畀蔡太師，等朝廷按謀反案嚟處理。

第二日，蔡九知府寫好家書，準備好金銀珍玩，就叫戴宗馬上起程送去京師。戴宗見知府有令，唔敢唔聽，惟有叫李逵照顧好宋江，自己就執拾好行裝，喺腳上綁上四個甲馬，念起神行咒語，飛咁快就走咗去。

戴宗呢個神行法術認真犀利，一日可以行八百里，好快就行到山東境內。不過天時暑熱，佢行到身水身汗，見到路邊有間酒家，就入去坐低飲杯酒食個飯，諗住休息下再繼續行。點知飲得幾杯，就覺得天旋地轉，暈低喺地。

眼見戴宗暈咗，店裏面行出個人，原來正係梁山泊嘅好漢朱貴。佢打開戴宗嘅包袱，見到蔡九知府寫畀蔡太師嘅信，講到宋江因為寫反詩被捉咗起身，嚇咗一大跳，又見到戴宗嘅腰牌，知道佢同吳用係相識，於是救翻醒戴宗，將佢帶上山寨搵晁蓋。

晁蓋知道宋江出咗事，十分緊張，即刻就話要點齊山寨嘅人馬殺去江州救宋江。但係吳用就拉住佢，話：「我哋呢度離江州太遠，發兵過去打草驚蛇，分分鐘送咗宋公明哥哥條命。呢單嘢，我有個辦法，不過要戴院長幫忙。」

戴宗當然滿口應承啦，吳用就話：「我哋搵個人模仿蔡太師嘅字跡，寫封回信畀蔡知府，叫佢將犯人送往東京審問。等佢哋路過梁山泊，我哋再去將公明哥哥搶過嚟，噉就容易成事啦。」

大家一聽，都拍手叫好，於是吳用叫人去濟州府請咗一位蕭秀才上山寨，請佢模仿蔡京嘅筆跡，寫咗封回信，然後再請戴宗連夜帶住封信返去江州喇。

戴宗走咗冇幾耐，吳用忽然間諗起封信有個破綻：事關蔡京係蔡九知府個老竇，父子之間嘅書信，用嘅印章同平時公文書信係唔同嘅。嗰封信送到返去，好容易畀人拆穿。

晁蓋一聽就緊張啦，問吳用點算好，吳用就話：「大哥唔使緊張，你聽我安排，必定可以救翻宋公明哥哥嘅。」於是，晁蓋就馬上號令各位頭領，分頭準備落山，向江州出發。

三兩下手勢 —— 粵語裏面形容輕而易舉，有個講法叫做「三兩下手勢」。呢個「手勢」，可能出自武術或者戲曲行當，因為無論係打功夫定係唱戲，都好講究「手勢」，亦就係固定嘅套路動作。呢啲手勢有啲複雜，需要反覆學習練習先能夠掌握，而有啲就好簡單，只有兩三下動作。「三兩下手勢」，就係形容呢啲比較簡單嘅動作，後來就引申為做事輕鬆容易了。

粵語裏面仲有「掕手唔成勢」嘅俗語，呢度嘅「勢」同樣係指戲曲表演嘅姿勢、動作。

蔡京書法逸聞 —— 呢一回裏面講到吳用搵人模仿蔡京嘅書法筆跡，寫信畀蔡九知府。講到呢度，有一個有趣嘅掌故值得同大家提一下。

喺中國藝術史上，宋代有著名嘅四大書法家 —— 蘇、黃、米、蔡，指嘅係蘇軾、黃庭堅、米芾同蔡襄。不過亦都有唔少人認為呢個蔡其實原本係指蔡京。蔡京雖然被人視作大奸臣，喺政治上不得人心，但係佢喺書法方面確實有獨到之處，能博採眾家之長而自成一體，當時畀書法界人士認為「冠絕一時」。據講甚至連自傲嘅米芾都承認自己嘅書法比唔上蔡京。不過因為蔡京嘅名聲實在太臭，所以後來大家就用蔡襄頂替咗佢喺四大家上嘅位置。

當代嘅書法大師啟功先生，亦曾經臨摹過蔡京嘅字，評價話：「二蔡、米芾為一宗，體勢在開張中有聚散，用筆在遒勁中見姿媚。以法備態足而言，此一宗在宋人中實稱巨擘。」

浪裏白條 張順

劫法場大鬧江州

話說戴宗帶住封蕭秀才偽造嘅信件返到去江州，果然畀黃文炳睇出用嘅印鑒唔對路。蔡九知府即時將戴宗捉咗起身，嚴刑拷問。戴宗冇辦法，惟有招認話自己經過梁山泊嘅時候畀山賊捉住，被迫帶封假信返嚟。

蔡九知府同黃文炳話之你自願定係被迫啊，將宋江同戴宗都定為勾結梁山泊盜賊、密謀造反之罪，決定喺江州就地處決。

到咗行刑呢一日，宋江同戴宗被押到去市曹十字路口，蔡九知府亦都親自嚟到現場做監斬官。

江州城嘅百姓聽講有人要被殺頭，紛紛圍過嚟睇熱鬧，法場度一下子就聚集咗幾千人。其中喺法場嘅東邊，有一班玩蛇佬係噉逼入去法場睇嘢；西邊又有一羣賣藝嘅人，亦都要入法場睇熱鬧。一眾兵丁正忙緊攔住佢哋，南邊又走過嚟一羣挑擔嘅腳夫，話要從大路過去，北邊有一班客商推住兩部大車，又話要穿過法場。現場四邊都吵喧巴閉，啲兵丁一時之間手忙腳亂，搞到不可開交。

過咗一陣，眼見時辰已到，蔡九知府大聲宣佈：「午時三刻已到，開斬！」兩個劊子手聽到，手提大刀就準備郁手。說時遲那時快，只見北邊一個客商攞出一面鑼，跳上車噹噹噹敲咗三聲，喺四面圍觀嘅咽幾班人忽然間一齊發動，刀槍棍棒弓箭全部攞晒出嚟，向住法場中心就殺過去。

而喺十字路口嘅茶坊樓上面，有個彪形大漢忽然間跳咗落嚟。只見佢打大赤肋，皮膚烏黑，兩隻手各執一把板斧，大喝一聲，好似天上打咗個雷噉。嗰兩個劊子手畀佢一嚇，當堂打咗個突，都仲未反應過嚟，已經畀佢一斧一個，全部殺死喺當場。

蔡九知府眼見形勢不妙，三十六計走為上計，喺士兵保護之下急急腳走咗去。而嗰班劫法場嘅人衝過嚟救起宋江同戴宗，喺黑大漢帶領之下，一齊向江邊殺過去。

唔使問啦，呢個黑大漢，正係黑旋風李逵，而嗰班劫法場嘅人，就係梁山泊一眾好漢。佢哋喺晁蓋帶領之下，一齊過嚟救宋江同戴宗。

李逵呢個時候殺紅咗眼，兩把板斧舞到好似旋風噉，見人就殺，連路過啲百姓都遭埋殃。佢哋沿住江邊一路殺出去，終於去到一間白龍神廟附近，噉先有個地方可以入去唞翻啖氣，宋江順便將李逵介紹畀梁山好漢認識。點知條氣都未唞順，就聽到外面江面上人聲吵雜，跟住見到幾條船衝到埋嚟，船上企滿晒手執兵器嘅人。

宋江佢哋以為係官軍殺到，正喺度緊張，忽然一眼認出船頭嘅人正係張順。宋江好高興，馬上出去招呼佢哋一齊入廟。原來張順張橫兄弟、李俊、穆家兄弟全部都嚟齊晒。

一眾好漢入到白龍廟，同晁蓋佢哋見面，個個都相見恨晚，十分歡喜。正喺度傾偈，忽然接到嘍囉嚟報，話江州城發動大隊人馬，一路追殺緊過嚟。李逵聽咗，攞起板斧就搶先衝出去，晁蓋亦都大聲話：「各位好漢，今日我哋就殺盡江州兵馬，再返梁山泊！」

於是，李逵喺前面做先鋒，後面二十幾位好漢帶住一百幾兵卒，嚟到白龍廟外。只見江邊聚集咗幾千官軍，馬步軍整整齊齊，陣容十分鼎盛。劉唐同朱貴為安全計，先將宋江同戴宗送上船保護起身，而李逵就唔理你咁多，舞起板斧就殺過去，後面花榮、黃信、呂方、郭盛亦都各執兵器跟住衝鋒。

花榮眼見官軍前隊嘅馬軍個個手執長槍，嚴陣以待，怕李逵受傷，於是攞出弓箭，對準帶頭嘅馬軍一箭射過去，嗰個馬軍當堂跌落馬下，都未開打就已經無咗條命。旁邊嘅士兵見到嚇咗一跳，怕花榮嘅神箭又射過嚟，紛紛走避，結果一下子連步軍嘅陣勢都衝亂埋。一眾好漢趁勢衝殺過去，將官軍打到丟盔棄甲，屍橫遍野，紛紛掉頭走返去江州城。

一眾好漢追到去江州城下，見到城門緊閉，城上早有準備，亦就唔再追趕，一齊返去穆家莊集合了。

去到穆家莊，穆弘叫人劏牛殺豬，大排筵席接待大家。酒過三巡之後，宋江企起身對大家話：「小弟宋江同戴院長，今次若然唔係得各位好漢相救，必定冇命。呢一個救命之恩，我哋都唔知點報答先好。今次嘅事，最衰都係嗰個黃文炳，宋江想請各位再幫我一個忙，去無為軍殺咗黃文炳，以消我心頭之恨！」

晁蓋聽咗就話：「我哋今次劫法場，恐怕已經打草驚蛇，對方早有防備。不如返去山寨，集齊人馬，再嚟攻打？」

但宋江唔係噉睇，佢擰頭話：「如果返去山寨再嚟，江州府必定大興兵馬，早做準備。倒不如今次趁佢哋未為意，打佢一個措手不及。」

於是，薛永自告奮勇，去無為軍中打探消息。冇耐之後，佢就帶咗個熟悉內情嘅人返嚟。呢個人叫做侯健，係個裁縫高手，又熟習武藝，拜過薛永做師傅，人稱通臂猿，呢排正好喺黃文炳屋企做事。佢對宋江話：「黃文炳有個哥哥叫做黃文燁，平時專做善事，大家都叫佢黃佛子。而黃文炳就專做壞事，害人無數，大家叫佢做黃蜂刺。佢兩兄弟唔同埋住嘅，我聽到黃文炳最近返嚟話今次好彩得自己提醒蔡九知府，個蔡知府先識破咗封假信。佢自己喺度洋洋得意，仲畀阿哥鬧佢添。」

宋江聽完就話：「既然係噉，我哋今次攻打無為軍，唔好傷害佢阿哥，亦都唔好傷害無辜百姓。」

接落嚟，宋江定好計策，各路好漢分頭行事。當晚，薛永同侯健先去到黃文炳屋企，搬嚟一大堆柴草，點着把大火，跟住就打開門大叫話：「大官人屋企失火啊！快啲搬晒啲傢私出去啦！」晁蓋同宋江帶住一眾好漢就趁機直闖黃府，入到去見人就殺，將黃府上下幾十口人殺個清光。不過佢哋搵嚟搵去都見唔到黃文炳，惟有搬走晒屋裏面嘅財物，一齊衝出城外。

原來，黃文炳呢一晚正喺蔡九知府衙門議事。佢聽講話家中失火，嗱嗱臨坐住條官船趕返去無為軍駐地。行到半路，忽然間見到有條船仔衝到埋嚟，個船夫用撓鈎搭住官船就跳上嚟。黃文炳嚇到慌晒手腳，驚起上嚟飛身就跳落河，想游水走人。點知水裏面又蝸咗人出嚟，一手就將黃文炳攔腰抱住，一嘢扯咗上條船仔度。原來，船仔上面嘅船夫係混江龍李俊，水裏面嘅係浪裏白條張順。

佢兩個捉住咗黃文炳，帶到返去穆家莊。晁蓋宋江佢哋見捉到黃文炳，亦都十分高興。宋江指住黃文炳破口大罵：「你呢個狗官，我同你往日無冤近日無仇，你偏偏係都要害我。無為軍嘅百姓都叫你黃蜂刺，我今日就為百姓搣咗你呢條刺！」

宋江都未講完，旁邊李逵就已經忍唔住，攞起把尖刀衝過嚟，將黃文炳凌遲處死，挖咗個心肝出嚟送酒。

殺咗黃文炳之後，宋江跪低對梁山泊一眾頭領話：「小弟之前因為父命難違，一直未肯入夥，今日得各位相救，又連闖兩座州城，想唔上梁山都唔得了，還請各位收留啊！」

大家一聽宋江肯入夥，都十分高興，穆弘、李俊佢哋亦都決定一齊上梁山泊。於是，佢哋放火燒咗穆家莊，分成五隊，陸續返回梁山泊。

喺回山嘅路上，佢哋又遇到一隊人馬出嚟攔路。原來呢批人都係想去救援宋江嘅好漢，領頭嘅四個人分別係摩雲金翅歐鵬、神算子蔣敬、鐵笛仙馬麟、九尾龜陶宗旺。宋江乘機勸佢哋一齊上梁山聚義，四位好漢即時滿口應承。

就係噉，等大家返到梁山泊嘅時候，山上就聚集咗四十位頭領喇。

打大赤肋 —— 粵語裏面形容人「唔着衫」，稱為「打赤

膊」或者「打赤肋」。無論赤膊定係赤肋，都係「光着上身」嘅意思。為咗強調語氣，往往仲會加個「大」字，講成「打大赤膊」或者「打大赤肋」，同成語「赤膊上陣」係一個意思。喺呢度，特別要提醒大家注意嘅係呢個「肋」字同平時讀音唔同，讀成「laak[8]」。

劫法場 —— 劫法場嘅情節，喺唔少古代文藝作品裏面都出現過，《水滸傳》裏面亦都有兩次比較重要嘅劫法場事件。

所謂「法場」，係古代執行死刑並示眾嘅場所，一般都有固定位置，例如清代就有著名嘅菜市口法場。菜市口法場位於北京城宣武門附近，喺明朝嘅時候嗰度係全北京城最大嘅菜市場。到咗清代，菜市口就變成法定嘅刑場，好多我哋熟悉嘅名人，都喺菜市口被行刑，包括譚嗣同等維新變法人士。當然，歷朝歷代亦都有好多臨時性設立嘅法場，呢度就唔詳細介紹了。

不過喺真實嘅歷史裏面，劫法場幾乎係唔可能發生嘅事，因為官府通常都會安排大量嘅士兵同衙役保護法場，並且有預先設計嘅應急方案，稱為「防援」。所以劫法場呢種情節，都係睇小說先見到，如果要真正實行，難度就實在太高了。

黑旋風 李逵

第二十二回

黑旋風遇假李逵

一眾好漢返到去梁山泊山寨，晁蓋就話要推宋江坐頭把交椅。宋江梗係唔制啦，幾經推讓之下，仲係由晁蓋坐頭把交椅，宋江坐第二位，接落嚟就係吳用、公孫勝等等。排好座次之後，寨中又再大排筵席，慶賀一眾新頭領入夥。

過咗幾日，宋江喺飲宴嘅時候，一時之間十分感慨。佢諗起自己闖咗咁大禍，而家仲喺山上落草，連累咗屋企嘅老父親，所以一下子落定決心，提出話想落山去接老父上嚟梁山。晁蓋建議佢帶一啲兵馬一齊去，但係宋江就話人多反而不便，堅持一個人返去。大家見勸佢唔住，惟有一齊送佢落山。

宋江一路風塵僕僕趕到返去鄆城縣，等到天黑先偷偷哋返入宋家莊。佢細佬宋清一見到宋江就嚇咗一跳，對宋江話：「大哥啊，你喺江州做落咁大件事，仲敢一支公返嚟？而家縣裏面兩位捕頭日日帶人過嚟看住，等江州府文書一到就捉我哋父子。你快啲返去梁山泊，帶人返嚟救我哋啦。」

宋江見形勢不妙，即刻運小路離開宋家莊，打算趕返去梁山泊搬救兵。點知行得一陣，就見到後面火把湧動，有人大聲叫話：「宋江你唔好走，快啲束手就擒！」

宋江嚇到面都青晒，沿住小路一路狂奔。佢穿過座樹林，見到有座古廟，就入去匿埋，希望可以避過追兵。講起身又神奇，真係注定宋江可以避過呢一劫。佢入廟之後，廟外面就颳起大風，吹到喺後面窮追不捨嘅官差頭暈腦脹，一個二個喺度盲摸摸噉亂轉，冇法子繼續追了。

廟裏面，宋江正喺度頭痕點樣脫身，忽然見到兩個道童過嚟請佢去見娘娘。宋江跟住道童行到去後殿，就見有位娘娘坐喺寶座之上，旁邊有童男童女侍奉左右。佢先醒起，呢座古廟叫做九天玄女廟，噉呢位一定就係九天玄女娘娘喇！娘娘叫童子斟咗三杯酒畀宋江飲，又吩咐奉上三粒仙棗畀宋江食，最後仲攞出三卷天書，對宋江話：「宋星主，而家我傳你三卷天書，你要替天行道，為國為民，日後功德圓滿，就可以成為上卿。我再傳你四句天言，你要記住：遇宿重重喜，逢高不是凶。北幽南至睦，兩處見奇功。」

宋江聽完行禮道謝，然後就跟住道童離開大殿。道童行到欄杆旁邊，對宋江話：「星主，你睇石橋下面，有二龍戲水啊！」宋江一望果然係，點知道童趁機喺佢背後一推，宋江嚇到一下扎醒，原來剛才種種係南柯一夢。但係佢睇下自己衫袖裏面，又真係有三卷天書啵。

一覺瞓醒，宋江又出去廟外睇下有冇路可以走。一出到去，就見到李逵手執板斧喺度追殺啲官差，一斧頭落嚟，連都頭趙能都畀佢斬死咗。跟喺李逵後邊嘅，仲有歐鵬、陶宗旺、劉唐、石勇同李立。原來，晁蓋同吳用放心唔落，帶住一眾頭領落山嚟接應。李逵呢一路咁啱遇到宋江，而晁蓋同其他人就去宋家莊將宋江嘅父親同兄弟都接走咗。

返到梁山泊之後，宋江父子兄弟相見，十分歡喜，山寨裏面連日大排筵席，慶賀佢哋父子團圓。

眼見宋江一家父慈子孝，旁邊嘅入雲龍公孫勝亦都提出，要落山探望娘親。送走公孫勝之後，李逵就好唔開心喇，忽然間放聲痛哭。宋江問佢咩事啦，李逵邊喊邊講：「我有個老母親喺鄉下，我阿哥幫人做長工，邊養得佢掂？我都想去接娘親上山享福啊！」

宋江就勸佢話：「你之前喺江州殺咗咁多人，人人都認得你黑旋風李逵，一落山好容易出事。等過一排風聲冇咁緊，你再去接佢都唔遲啊。」

但係李逵點都唔肯聽，係都要落山去接娘親。宋江冇辦法，惟有話：「你應承我三件事，我就畀你落山。第一，就去就返，路上唔準飲酒；第二，你唔好帶人一齊去；第三，你嗰兩把板斧唔準帶去。」

李逵一聽，即時拍心口應承，然後就辭別眾人，落山返屋企喇。宋江送走咗李逵，硬係覺得唔放心，於是叫朱貴跟住去探聽下消息。朱貴同李逵係同鄉，有個兄弟叫朱富，喺鄉下開酒店，佢亦正好可以返去探望下兄弟。

話說李逵一支公離開咗梁山泊，真係既唔飲酒，又唔惹事，一路趕到去沂水縣。去到縣城西門，李逵見到一大班人喺度睇榜文，佢又走埋去湊熱鬧啵，只聽到有人大聲讀榜文：「第一名正賊宋江，係鄆城縣人；第二名賊戴宗，係江州兩院押獄；第三名從賊李逵，係沂水縣人。」

李逵聽到自己畀人張榜通緝，正唔知點算好，忽然旁邊有人出嚟拉住佢話：「張大哥，好耐冇見啦！」

李逵定眼一睇，原來正係朱貴。朱貴拉住李逵去到自己細佬朱富開嘅酒店，安排佢食飯休息。李逵見都已經見到自己人了，心中放鬆咗好多，一時酒癮起就飲多咗幾杯。到五更時分，朱貴送李逵出發，臨別時佢對李逵話：「你唔好行小路，小路又有老虎又有山賊，好危險㗎。你快啲去帶咗娘親出嚟，我哋一齊早日返上山寨，咁就安全喇！」

但係李逵一味大膽，邊度肯聽朱貴嘅話？佢一出門就運小路行去自己鄉下董店東喇。行得一陣，李逵就行到一個樹林前面，有個大漢忽然跳出嚟攔住佢嘅去路，大喝話：「留低買路錢先好走！」

李逵見呢個大漢手執兩把板斧，用墨塗到塊面黑麻麻，就問佢話：「你係邊度嘅毛賊，夠膽喺度攔路打劫？」

大漢舉起板斧話：「我就係黑旋風李逵，你唔留低買路錢，唔好怪我唔客氣！」

李逵一聽笑到肚都痛埋：「你條粉腸，夠膽冒我個名？嫌命長定啦！」講完，舉起朴刀就斬過去。

嗰個假李逵邊度係李逵對手？無過得幾招就畀李逵一刀斬傷隻腳跌咗喺地，李逵用把朴刀降住佢大鬧：「你阿爺我就係真正嘅黑旋風李逵，你條友樣衰衰敗壞我嘅名聲，我今日就要攞你命！」

假李逵嚇到大叫話：「大爺饒命啊！小人叫做李鬼，有個九十歲嘅老母要養，冇辦法先至喺度攔路打劫㗎咋！之前啲人一聽到黑旋風個朵，個個都乖乖哋交錢，我冇害過人㗎！」

李逵雖然殺人唔眨眼，但係份人最孝順，見李鬼話要養老母親，就放開佢話：「既然係噉，我今次就放過你，你以後唔好再冒我名啦。我畀啲錢你，你改行做過第二樣啦。」講完，佢仲攞咗十兩銀出嚟畀李鬼。

李鬼千多得萬多謝，攞咗錢就雞噉腳走咗去了。

李逵一路繼續向前，行咗一陣，見到前面路邊有個飯店，就入去坐低，叫老闆娘煮啲飯餸畀佢食。

老闆娘入去廚房煮飯，李逵就走出去山邊洗手，點知正好聽到老闆娘同人傾計話：「大哥，你點解整傷咗隻腳啊？」

跟住有個男人對老闆娘話：「今日認真唔好彩！我出去打劫，竟然撞正咗真李逵，差啲畀佢一刀斬死。好在我呃佢話要養老母，佢先肯放過我，仲畀咗十兩銀過我添。」

老闆娘就話：「我哋店入面咁啱有個黑卒卒嘅大漢啵，我估佢一定就係黑旋風李逵喇！等我用蒙汗藥整暈佢，然後殺咗佢，攞晒佢啲錢先得。」

李逵一聽當堂把幾火，心諗：「我好心放過你，仲畀錢你改行，你而家反而想害我？」於是兩步衝入廚房將李鬼捉住，一刀就將佢個人頭斬咗落嚟。不過殺咗李鬼之後，李逵四圍都搵唔到佢老婆，嬲起上嚟就將個女人之前煮嘅飯食個清光，然後一把火燒咗間飯店，就繼續趕路返屋企喇。

雞噉腳 —— 粵語裏面關於雞嘅俗語特別多，可能同廣東人鍾意養雞食雞有關。

「雞噉腳」，係形容人腳步頻密倉促嘅樣子。事關雞雖然唔識飛，但係急起身嘅時候腳步亦十分頻密，走得都好快，個頭又舂下舂下，同人急急忙忙趕路時候嘅樣子頗為相似，所以大家就用「雞噉腳」嚟形容急急匆匆嘅樣子，同「急急腳」嘅意思差唔多。

九天玄女係咩神仙？ —— 喺《水滸傳》裏面，宋江得到九天玄女傳授三卷天書，幫佢渡過各種難關。噉呢位九天玄女係何方神聖呢？

九天玄女，又稱為九天娘娘、九天玄母天尊等，係中國古代神話之中嘅一位女神。喺神話傳說之中，九天玄女執掌兵法，通曉軍事，係一位神通廣大嘅女神仙。相傳遠古時期黃帝大戰蚩尤，上天就係派九天玄女下凡，向黃帝授予兵信神符，幫助黃帝打敗蚩尤嘅。喺道教裏面，九天玄女仲被奉為術數之神，係中國古代神仙體系裏面一位重要嘅神仙。喺唔少中國歷史傳說同故事中，好多軍隊轉敗為勝，或者扭轉劣勢嘅過程（例如劉邦建立都城、劉伯溫得到天書輔助朱元璋、薛仁貴獲得寶物勝利東征等等），都歸功於九天玄女傳授計策同指點迷津。雖然呢啲傳說好大部分原因係統治者鞏固自己統治地位嘅需要 —— 噉就可以令人民認為佢哋嘅統治係上天嘅安排，但從中亦可以睇得出九天玄女喺人嘅心目中地位之高。

第二十三回

李逵一人殺四虎

李逵返到去屋企，發現娘親雙眼都盲咗。佢呃娘親話自己做咗官，要嚟接娘親去享福，聽到娘親好開心。呢個時候，佢阿哥李達返到屋企，佢一見李逵就激氣了，指住佢大鬧：「你條友仔走去梁山泊做強盜，又喺江州劫法場，搞到官府要嚟捉我。我真係畀你累死啊！」

李逵勸阿哥跟佢一齊上梁山，但係李達就點都唔肯，嬲爆爆噉走咗去。

李逵心諗：「阿哥肯定走咗去報官，我自己帶娘親走就係啦。」於是留低一錠五十兩嘅大銀，就孭住娘親離開屋企返去梁山泊喇。

李逵怕個大佬帶官差嚟追自己，所以一味揀山間啲小路嚟行。行到半夜三更，兩母子都又攰又口渴。於是李逵將娘親放喺一棵松樹下面，就去搵溪流打水畀娘親飲。點知等佢好不容易打到水返嚟，發現娘親竟然唔見咗。

李逵馬上四圍咁搵，好快就喺附近搵到一灘血跡。佢沿住血跡一路搵過去，去到個大山窿前面，竟然見到兩隻老虎仔喺度咬一隻人腳！

李逵睇到眼火都飆晒，心諗：「我千辛萬苦返嚟鄉下接我娘親去享福，你兩隻畜生竟然要食我娘親！我攞你兩個條命！」於是佢舉起朴刀就斬過去。嗰兩隻老虎仔仲未成年，又點會係李逵嘅對手呢？畀李逵追到入山窿一刀一隻斬死晒。李逵行到返出嚟，見到山窿門口有只老虎乸張牙舞爪噉撲過嚟，李逵側身避開，搵出腰刀出力一捅，竟然成把刀捅咗入隻老虎乸身上。老虎乸受咗重傷，掉頭就向山澗邊走咗去。李逵心諗：「我娘親一定係畀你食嘅！」所以佢攞起朴刀就一路追過去。點知忽然颳起一陣狂風，李逵耳邊只聽到打雷噉嘅一聲大叫，一隻吊睛白額大老虎就喺星月光輝之下跳咗出嚟。

李逵眼見隻大老虎撲到埋身，倒係十分淡定。佢睇準老虎嘅來勢，舉起朴刀迎頭就斬過去，一刀斬中隻老虎個下巴。佢呢一刀加埋老虎撲埋嚟嘅力道，當堂將隻老虎條氣管斬斷咗，老虎落地之後倒退幾步，一下跌低就死咗喇。而呢個時候，隻老虎乸亦都傷重而死，李逵總算係報咗殺母之仇。

李逵連氣殺咗四隻老虎，攰到筋疲力盡，於是搵咗間大聖廟瞓咗一覺。第二日一早，佢將娘親嘅遺骸埋葬咗，大喊咗一場，噉先攞起包袱行返落山。

落到山下，有幾個獵戶見到李逵一身血污，就走上嚟問佢發生咩事。李逵將自己娘親畀老虎食咗，自己殺咗四隻老虎嘅事講畀佢哋聽。嗰幾個獵戶嚇到眼都大晒，個個都唔信，話邊度有人可以一個人殺四隻老虎㗎？結果上山一睇，果然搵到四隻死老虎。於是一行人興高采烈噉抬起啲老虎，帶住李逵落山去一個大戶人家曹太公莊上領賞。

曹太公聽聞李逵殺咗四隻老虎為民除害，十分高興，叫晒成條村嘅人一齊飲酒慶祝。但正所謂人多口雜，冇諗到喺人羣之中，就有之前畀李逵所殺嗰個李鬼嘅老婆。佢對李逵就真係「仇人見面，分外眼紅」了，即刻走去搵里正通風報訊。里正一聽，知道呢個李逵就係縣裏面張榜捉拿嘅人，而且捉到仲有賞錢三千貫添，噉梗係唔可以放過佢啦！於是里正暗中搵埋曹太公，叫大家將李逵灌到酩酊大醉，然後將佢綁到實一實，派人去官府報官喇。

沂水縣嘅知縣聽講話捉到黑旋風李逵，馬上派本縣都頭帶人去將佢捉拿歸案。呢個都頭姓李名雲，人稱青眼虎，係個武藝高強嘅好漢。佢接到知縣命令之後，就帶齊人馬去捉李逵。不過呢件事喺縣裏面傳到沸沸揚揚，好快就畀朱貴、朱富兩兄弟收到風。朱貴好緊張：「宋公明哥哥專程吩咐我睇住李逵，而家李逵畀人捉咗，我返去點向佢交待啊？」

朱富就話：「李雲係教我功夫嘅師傅，同我最好㗎喇。我哋喺度準備好酒肉，等佢哋返轉頭嘅時候，請佢哋飲酒食肉，趁機用蒙汗藥迷暈晒佢哋，噉咪可以救人咯。」

商量定當之後，朱貴同朱富就依計行事，準備好酒肉，用蒙汗藥摳好，就等住李雲佢哋經過。到咗四更時分，果然見到李雲帶住幾十個人，連同曹太公、李鬼老婆、里正以及成班莊客，一齊押住李逵路過。朱富好殷勤噉招待佢哋入酒店，好酒好菜招呼佢哋，果然將一大班人全部迷暈晒，輕而易舉就將李逵救返出嚟。

李逵甩咗身，將李鬼個老婆同曹太公都殺咗，然後就跟住朱貴兄弟走人了。走到半路，發現李雲從後趕到。原來李雲飲酒飲得少，好快就醒翻，於是一路追住過嚟。李逵舞起朴刀同李雲打咗好幾個回合都不分勝負，朱富就乘機勸李雲一齊上梁山泊。李雲眼見人犯走失咗，自己返去恐怕都會畀人追究，又聽聞梁山好漢嘅名聲，於是就岌頭應承，跟埋朱富佢哋一齊上梁山喇。

佢哋一行人返到山寨之後，晁蓋宋江見到今次唔單止李逵平安歸來，仲多咗一位好漢嚟入夥添，自然十分歡喜。

又過得一排，宋江忽然講起，話公孫勝咁耐都未返嚟。大家聽咗都覺得有啲擔心，於是決定派戴宗去薊州打探下消息。

戴宗落山之後，喺路上遇到錦豹子楊林，話係公孫勝介紹佢嚟梁山泊嘅。佢聽講戴宗要去搵公孫勝，就自告奮勇陪埋戴宗一齊去。戴宗好高興，分咗兩個甲馬畀楊林綁喺腳上，運起神行法，兩個人好快就去到薊州了。不過佢哋喺薊州城搵嚟搵去，始终都搵唔到公孫勝。

呢一日，戴宗楊林兩個喺薊州城裏面打探消息，忽然聽到街上鼓樂聲響，兩名獄卒各自托住一堆禮物喺前面行，後面有僕人打住一把青羅傘，傘下遮住一位好漢。只見佢雙眉入鬢，鳳眼朝天，淡黃膚色，生得一表人才。一問至知，原來係當地嘅兩院押獄兼市曹行刑劊子手楊雄。因為佢有一身好武藝，又面色發黃，所以人稱病關索。

呢個時候，楊雄啱啱行完刑喺街市行過，路上相識嘅人都送啲禮物畀佢做彩頭。點知有個當地嘅軍官叫做張保嘅，見楊雄咁受歡迎睇唔過眼，帶埋一班爛仔過嚟就要搶楊雄嘅禮物。

楊雄畀佢哋幾個人逼到埋身，一時之間施展唔開，正喺度心急。忽然旁邊有個大漢衝到埋嚟，一手就將張保摜跌喺地。楊雄趁機施展武藝，將一班爛仔打到一仆一碌。

張保唔敢再打，搶咗楊雄個包袱就走咗去，楊雄一路追住上去，而嗰個抱打不平嘅好漢就仲喺度同班爛仔打交。戴宗同楊林見到，亦都一齊上去幫手趕走晒班爛仔，仲請嗰位好漢去酒樓飲酒。三個人上到酒樓互道姓名，原來呢位好漢叫做石秀，人稱拼命三郎，最喜歡抱打不平。石秀早就聽講過戴宗嘅名號，呢個時候見到真人，亦都十分高興。

佢哋傾咗一陣，見到楊雄返嚟搵石秀，就告辭走先喇。原來楊雄一心返嚟多謝石秀幫忙。佢兩個人真係一見如故，十分投契，最後仲結拜為兄弟添。

一番傾談之下，楊雄見石秀冇咩嘢做，就帶佢返屋企介紹畀自己外父，叫佢兩個一齊開個肉檔，做下生意。

楊雄呢個外父姓潘，個女潘巧雲原本嫁咗畀一位王押司。王押司兩年前死咗，噉先改嫁畀楊雄嘅。

就係噉，石秀就喺楊雄屋企住咗落嚟，同潘公一齊開咗個肉檔，生意做得都幾唔錯。

不過楊雄因為喺衙門多嘢做，經常唔返屋企。石秀喺楊家住得耐咗，就發現楊雄個老婆同附近一間寺廟嘅和尚海闍黎有路。呢個和尚認咗潘公做契爺，經常邀請潘巧雲去廟裏面做法事，一來二往之下，兩個人就搭上咗。每次楊雄唔喺屋企，潘巧雲就擺個香案出嚟做暗號，約海闍黎過去相會。

石秀見到噉嘅情形，梗係睇唔過眼啦，就走去向楊雄通風報信。點知楊雄返到屋企，潘巧雲就惡人先告狀，話石秀非禮佢，搞到楊雄反而將石秀趕走咗。

石秀離開咗楊家，心諗：「我走咗去冇所謂，但係哥哥畀個賤人蒙騙，遲早出事，倒不如我先下手為強了。」

於是，佢趁住楊雄值班嘅夜晚，偷偷哋走去將個和尚海闍黎殺咗，仲剝咗件僧衣做證據。好快，海闍黎嘅屍首赤身裸體噉畀人發現咗，件事喺城裏面傳到沸沸揚揚。楊雄知道之後，亦都心中有數：「呢單嘢一定係石秀兄弟做嘅，睇嚟佢之前講嘅事係真㗎啵。」

第二日，楊雄就喺城裏面四圍咁行，想搵石秀出嚟問個清楚明白。

有路 ——「有路」呢個詞，喺粵語裏面係一個偏貶意嘅詞語，一般指男女之間有姦情，又或者兩個人之間存在非法嘅關係。而如果要指一個人有關係（人脈廣，善於打通各種人脈關係）、有門路，粵語裏面就稱為「有路數」。

關於「有路」仲有個歇後語，叫做「狗上瓦坑 —— 有條路」。所謂「瓦坑」係指以前磚瓦房屋嘅屋頂。因為狗一般都爬唔到上屋頂咁高，如果上到去必定係有條路畀佢上，所以就稱為「有條路」，亦就係「有路」嘅意思，用嚟形容如果人做到一啲平時好難做到嘅事情，肯定係有啲外人唔知道嘅方法或門路。

莊主同莊客係咩關係？—— 喺《水滸傳》裏面多次提到「莊客」呢個詞，不免引起大家嘅思考：莊客同莊主，係咪相當於而家嘅老闆同員工？

其實一般嚟講，「莊客」係指以前地主田莊裏面嘅佃農同僱農。呢啲莊客除咗要耕種屬於地主嘅土地之外，往往仲需要負責勞役以及安保工作。莊園經濟，其實從秦朝開始就已經存在，唔同時代唔同地方，田莊嘅規模都有所不同。

去到封建王朝後期，因為土地兼併嘅情況越嚟越嚴重，田莊嘅規模往往越來越大，受莊主控制嘅莊客亦都越來越多。而《水滸傳》中描述嘅北宋後期嘅大莊園，雖然莊客同樣需要依附莊主嚟賺錢生活，但同漢朝、魏晉或唐代嘅莊園比，依附程度已經大大降低，所以我哋見到書中描述嘅莊客都不時出現脫離莊園嘅情況。

不過古代鄉村嘅人好多都有親戚關係，所以一定程度上莊主同莊客亦都係一個共同體關係。尤其喺對付盜賊、流寇嘅時候，就更加需要團結一致對外，就好似呢本書中提到嘅祝家莊、扈家莊同李家莊共同聯手對付梁山泊一樣。

黑旋風 李逵

時遷為食惹是非

楊雄估到係石秀殺咗海闍黎，正打算去搵石秀問清楚，就喺街上遇到石秀。石秀將自己打探到嘅情況一五一十話晒畀楊雄知，又將海闍黎嘅僧衣攞出嚟畀楊雄睇。楊雄聽完已經明白晒係點樣一回事，心頭火起，即刻就話要返去殺咗潘巧雲。但係石秀就勸佢將潘巧雲引去個僻靜嘅地方，審問清楚再決定。

於是第二日，楊雄藉口話要上山拜神還願，帶埋潘巧雲同丫環迎兒一齊去到翠屏山。行到半山腰，石秀早就喺度等緊喇。楊雄將潘巧雲同迎兒捉住，要佢哋同石秀對質。

個丫鬟迎兒嚇到腳都軟埋，仲邊度敢隱瞞，即時將潘巧雲同海闍黎私通嘅經過講晒出嚟。潘巧雲見冇得抵賴，惟有猛咁求楊雄饒命。

楊雄係個劊子手，平時殺人如麻，呢個時候邊度忍得到手？手起刀落就將潘巧雲同迎兒兩個都殺晒。

殺咗人之後，楊雄就問石秀接落嚟點算好。石秀因為見過戴宗同楊林，所以就建議話可以一齊去投奔梁山泊。楊雄亦都一早聽聞宋江嘅名聲，馬上同意呢個安排，於是兩兄弟執拾好行李，就準備出發去梁山泊。正好呢個時候，佢哋喺山上又遇到楊雄嘅老友鼓上蚤時遷，三個人意氣相投，於是就乾脆結伴而行，一齊出發去梁山泊了。

冇耐之後，當地官府發現咗潘巧雲同迎兒嘅屍首，知府下令通緝楊雄同石秀。佢哋三個知道形勢緊張，於是急急腳趕路，好快就離開咗薊州，嚟到鄆州附近。

呢一日，佢哋三個一路趕路，行到一座大山前面。眼見天色漸暗，前面又有個客棧，於是就走過去投宿。

入去之後，店小二招呼佢哋幾個坐落，攞出酒菜嚟畀佢哋食。食得一陣，石秀見到客棧屋簷下面插住十幾把朴刀，就問店小二：「你哋主人家做咩㗎？點解咁多家生嘅？」

店小二答話：「客官，我睇你都係江湖人士，乜唔知道我哋呢個地方咩？我哋呢度叫做獨龍崗。崗上有座祝家莊，太公叫做祝朝奉，佢有三個仔，人稱祝氏三傑，莊上有幾百戶人家。我呢間小店都係祝家嘅產業，最近因為梁山泊嘅盜賊猖獗，所以要隨時防備，呢啲朴刀就係啲莊客留低㗎啦。」

店小二同佢哋三個傾得幾句，就入去休息喇，留低楊雄石秀同時遷喺度慢慢食。點知個店小二行開一陣，時遷就攞咗隻雞出嚟。原來佢見冇肉送酒，於是去偷咗店家隻雞，私自劏咗煮嚟食。

呢個時遷平時最擅長飛簷走壁、偷雞摸狗，所以先畀人叫做鼓上蚤。楊雄同石秀見佢唔偷都偷咗，仲要煮熟埋隻雞咯，都只好照食啦。點知個店小二放心唔落出嚟一睇，發現隻雞畀佢哋食咗，當堂就破口大罵。楊雄同石秀話要賠翻錢畀佢，但係個店小二就話呢隻係報曉雞，多多錢都唔夠，係都要佢哋賠返隻雞。

楊雄佢哋邊度有雞賠先得㗎？結果店小二就叫咗幾個莊客出嚟，話要將佢哋當成梁山泊嘅盜賊捉去官府。

石秀一聽就發火了，大鬧話：「我哋就係梁山好漢，噉又點啊？」

嗰幾個莊客衝上嚟要捉佢哋三個，結果畀楊雄、石秀一拳一個打到一仆一碌，雞噉腳就走晒去。楊雄就話：「佢哋一定係去班馬，我哋快啲走。」

於是佢哋三個每人攞咗一把朴刀，然後一把火燒咗間客棧，就行大路趕去梁山泊。

佢哋行得冇幾耐，就見前前後後忽然亮起好多火把，有成一二百人追到過嚟。楊雄發起火上嚟，對石秀時遷話：「唔好理咁多，佢哋嚟一個我哋就殺一個，嚟兩個殺一雙，等天光再走！」

於是佢哋三個企穩陣腳，等班莊客追到埋嚟，就各自舞起朴刀迎戰。嗰班人唔知佢哋咁好武藝，三兩下手勢，就畀楊雄佢哋斬低咗十幾個。其他人見到勢頭唔對，都紛紛打退堂鼓喇。

楊雄佢哋三個見啲莊客後退，正準備走人，點知草叢裏面伸出兩把撓鈎，一下子將時遷拉咗入去。楊雄眼急手快，一刀斬過去草叢度，將啲莊客嚇到退開晒，自己同石秀就運小路走咗去。嗰班莊客唔敢再追，只好將時遷綁起身帶返去祝家莊交差喇。

楊雄同石秀冇辦法，惟有打算儘快趕去梁山泊，請宋江佢哋幫忙救人。佢哋行到一個酒家，坐低正準備休息一下，忽然外面有個人衝入嚟向楊雄行禮。楊雄仔細一睇，原來係自己幫過嘅朋友，叫做鬼面兒杜興。

楊雄將自己殺咗人，打算去投奔梁山泊，路上時遷因為偷雞畀祝家莊嘅人捉咗嘅事講畀杜興聽。杜興聽完就話：「恩公你放心。我哋呢座獨龍山有三座山莊，分別係祝家莊、扈家莊同李家莊。三家因為怕梁山好漢過嚟借糧，所以結成同盟，互相照應。我而家就喺李家莊做個總管，我請主人出面，一定可以救返時遷嘅。」

楊雄就問：「你呢位主人家，莫非就係江湖上人稱撲天雕嘅李應？」

杜興猛咁岌頭話：「係啊係啊，就係佢啦。佢好有義氣，一定肯幫忙嘅。」

於是，杜興帶住楊雄同石秀一齊去到李家莊，拜見李應。李應十分客氣，請楊雄同石秀坐落飲酒，然後親自寫咗封信，叫杜興帶去祝家莊，請祝朝奉放時遷走。

點知過咗好耐，先等到杜興返嚟。只見杜興個樣嬲爆爆，成塊面都谷到紅晒。李應問佢咩回事，杜興答話：「我去到祝家莊，遇到祝龍、祝虎、祝彪三兄弟，佢哋一口咬定話時遷係梁山泊嘅盜賊，老爺你嘅信佢哋睇都唔睇就撕爛咗。嗰個祝彪仲話，如果激嬲咗佢，佢連老爺你都當梁山泊嘅強盜捉埋去報官啊！」

李應一聽，即時被激到無名火起三千丈，叫人備好馬匹，親自披掛上馬，手提點鋼槍，背後裝好五把飛刀，帶住三百個莊客就去搵祝家算賬。

去到祝家莊前，祝彪帶住人馬出嚟迎戰。李應大鬧祝彪亂講嘢，祝彪就鬧李應勾結盜賊。兩個人一言不合，各自舉起兵器就打起上嚟。打咗十幾個回合，祝彪唔係李應嘅對手，撥轉馬頭就走。李應拍馬追上去，點知畀祝彪回身一箭射中手臂，當堂跌咗落馬。

祝彪正想返轉頭捉李應，楊雄同石秀已經衝到出嚟，打到祝彪節節敗退，杜興趁機衝上去將李應救翻返嚟。呢個時候天色漸暗，兩邊亦就各自收兵了。

李應返到去李家莊，包紮好傷口。楊雄同石秀就話：「大官人實在夠義氣，為咗幫我哋仲受埋傷添。而家我哋惟有去梁山泊，請晁蓋、宋江同一眾頭領幫忙搭救時遷啦。」

於是，楊雄同石秀就拜別李應，一路趕去梁山泊喇。

家生 ——「家生」呢個詞，喺唔同嘅方言裏面意思都有唔同，既有指家居生活用品，亦都有指傢具、生計。而喺粵語裏面，「家生」往往指工具或者武器。例如話工人去修理物品時要帶上工具，就會話佢「帶齊家生」；而講一個人帶齊武器去打鬥，亦都會話佢「攞齊家生」。要注意嘅係，呢度嘅「家生」唔係用平時嘅讀音，而係讀成「駕鏜」，所以亦都有人將呢個詞寫成「架撐」嘅。

歷史文化知多啲

梁山泊即係今日嘅邊度地方？——《水滸傳》裏面講述一班好漢聚集喺梁山泊，由宋江帶領起義，喺歷史上確有其事。

根據考證，梁山泊位於原山東省壽張縣境內，喺而家嘅梁山縣、東平縣附近，由幾座山峯組成。因為黃河曾經發生過三次大決口，所以到咗宋代嘅時候，呢個地方係一片港汊縱橫，山水交錯嘅大水泊，號稱「八百里梁山泊」，而梁山就係呢一片巨大湖面上嘅孤山。根據史書記載，喺北宋晚期，梁山泊係水域最寬闊、水勢最大嘅時候。由於黃河頻繁決堤，當地人民生活嘅環境其實都算惡劣，勞動生產條件比較差，同江南平原魚米之鄉嘅自然環境差好遠，所以亦都影響到當地嘅民風彪悍，喜好飲酒，亦就更容易惹出各種事端了。再加上北宋末年皇帝昏庸，奸臣當道，對人民徵收各種重稅，逼得好多人，例如係漁民都去做盜匪，書中提到嘅阮氏三兄弟就係其中嘅代表了。呢種情況，亦都係《水滸傳》農民起義故事嘅創作背景之一。

到咗今時今日，呢度絕大部分嘅水泊已經消失，只有東平湖係早年梁山泊嘅遺留水域。喺梁山縣馬營鎮仲有一個「水泊遺址」嘅濕地，仲留存幾分當年嘅景色。

聽古仔

第二十五回

宋江苦戰祝家莊

楊雄同石秀上到梁山泊，晁蓋同宋江都十分歡喜，帶住一眾頭領喺聚義廳迎接。但係等到楊雄講起時遷喺祝家莊被擒嘅事，晁蓋就發起火上嚟，話要將楊雄同石秀推出去斬！

宋江拉住晁蓋話：「兩位壯士不遠千里過嚟聚義，兄長點解要殺佢哋呢？」

晁蓋話：「我哋梁山泊嘅好漢，向來以忠義為主，不論新舊兄弟，都係英雄豪傑。但係佢哋兩個打住梁山好漢嘅旗號走去偷雞，噉豈不是侮辱咗梁山好漢四個字？我哋先斬咗佢兩個，然後再去攻打祝家莊！」

宋江勸佢話：「嗰個鼓上蚤時遷本來就係偷雞摸狗嘅人，關兩位兄弟咩事呢？況且個祝家莊一向同我哋山寨為敵，實在係無禮。不如趁住呢次機會，小弟親自帶兵去搞掂佢，到時糧草都可以用幾年，仲可以順便請埋李應上山，兄長你話好唔好？」

旁邊其他人亦都一齊上嚟勸晁蓋，晁蓋噉先同意唔再追究楊雄同石秀，安排佢兩個住落休息。

第二日，晁蓋同宋江召集一眾頭領商議，決定由宋江領軍，帶上花榮、李俊、李逵、楊雄、楊林、石秀等人為第一隊；林沖、秦明、戴宗、王英等人為第二隊，各帶三千步兵，三百馬軍，分頭出發去攻打祝家莊。

宋江帶住前隊人馬嚟到祝家莊附近，就派楊林同石秀先去打探下消息。楊林扮成個降魔嘅法師，石秀扮成個打柴佬，就出發去祝家莊喇。

佢兩個行咗一陣，只見前面道路彎彎曲曲，好似個迷宮噉。楊林就話：「唔好理咁多，我哋沿大路一直行就係啦。」講完一馬當先就行咗去。石秀挑住擔柴行得慢，行行下見到路邊有幾個酒肉店，門口插滿兵器，來往嘅人個個着住件黃背心，寫住個斗大嘅「祝」字。

石秀暗暗有啲心驚。佢見到有個老人家，就走上去問話：「老人家，我係從山東嚟賣棗嘅客商，因為蝕咗本錢，打算擔柴嚟呢度賣，賺翻啲路費。唔知你哋呢度點解家家店門口都插滿刀槍嘅呢？」

老人家答話：「我哋呢度叫做祝家莊，不過我就複姓鍾離。最近呢度捉緊梁山泊嘅盜賊。你如果唔識路，分分鐘畀人當賊捉起身啊！而且呢度山路曲折，你外地人入得嚟出唔去㗎。」

石秀嚇咗一跳，喊噉口猛求老人家指點，鍾離老人就話佢知：「你喺呢度行過去，見到白楊樹就轉彎，其他嘅路全部都係死路，千祈唔好行啊！」

石秀多謝過鍾離老人，正打算離開，就聽到外面有人大叫：「捉到奸細啦！」石秀佢哋出去一睇，原來係楊林畀人捉住咗。石秀唔敢再四圍走，就留咗喺鍾離老人屋企過夜。

嗰邊廂宋江等極都等唔到楊林同石秀返嚟，又聽聞祝家莊嗰邊話捉到奸細，估計佢兩個都係凍過水，於是下令連夜進兵，殺入去祝家莊救人。

宋江帶領兵馬殺到去祝家莊，只見莊門緊閉，吊橋高高掛起，前面仲有條護城河，防禦十分堅固。李逵舞起一對板斧就要殺過去，畀楊雄一手拉住，叫佢等埋宋江下令先行動。而宋江見呢個時候莊裏面烏燈黑火，人影都冇個，心諗：「今次弊啦，我一時衝動，唔記得天書上面講『臨敵休急暴』添！而家睇情形，一定係有埋伏。」

宋江正準備下令退兵，忽然間聽到祝家莊裏面響起號炮，獨龍崗上面眨眼之間點起成千把火把，門樓上面嘅弩箭好似落雨噉射落嚟。宋江即時下令快啲退兵，點知後面嘅頭領李俊大叫話：「路上有埋伏，唔行得啊！」

宋江叫人四圍去睇下仲有邊條路可以行。點知個個探子都返嚟報告，話呢度啲路彎彎曲曲，根本唔知點行先出到去。

宋江忍唔住大歎一聲「今次真係天亡我也！」成軍人正係彷徨之際，石秀趕到返嚟了！佢對宋江話：「哥哥你唔使慌，我已經打探清楚啦！我哋只要見到白楊樹就轉彎，就可以走出去㗎啦。」

宋江馬上精神一振，指揮軍隊按照石秀嘅辦法退兵。走得一陣，見到前面仲係好多人馬。宋江問石秀點回事，石秀觀察咗一輪，答話：「佢哋應該係以燭燈為號，用嚟指揮人馬嘅。所以我哋行去邊，嗰盞燈就移動去邊，噉我哋前面就永遠都會有人嚟攔截了！」

花榮喺旁邊聽完就話：「噉就容易啦！」只見佢彎弓搭

箭，對住前面樹叢之中嘅燭燈就射過去，當堂將個盞燭燈射熄咗。對方冇咗燈號指揮，即時亂晒大龍，宋江趁機指揮軍隊衝殺出去，同過嚟接應嘅第二隊人馬會合。

呢一仗打完，宋江佢哋點算下人馬，發現唔見咗鎮三山黃信。宋江大驚，一問之下，先知原來之前喺混亂之中，佢畀祝家莊嘅人用撓鈎捉咗去。

宋江又激氣又發愁，而家噉嘅情形到底要點收科呢？楊雄提醒佢可以去搵李應打探下情況。真係一言驚醒夢中人，宋江一聽都好贊成，馬上帶住幾位頭領去拜訪李應。但係李應怕同佢哋打交道惹上官非，於是請搵杜興出嚟推託話自己有傷，唔方便見面。

杜興將祝家莊嘅情況詳細講畀宋江聽，又提醒佢隔籬扈家莊有位女將十分了得，叫做一丈青扈三娘，使兩口日月寶刀，係祝彪嘅未婚妻，好可能會過嚟幫祝家莊手。

宋江多謝過杜興，返去點齊兵馬，就親自去攻打祝家莊。嚟到祝家莊門前，只見大門前面立起兩面白旗，上面寫住：「填平水泊擒晁蓋，踏破梁山捉宋江。」

宋江一睇真係激到眼火爆，暗中發誓：「打唔落祝家莊我就唔返梁山泊喇！」於是等兵馬到齊，佢即刻指揮士兵猛攻祝家莊。但係祝家莊防守嚴密，前後左右都固若金湯，一時之間實在無辦法攻得落嚟。

宋江正喺度心急，忽然見到西面衝出一支軍馬，為首一員女將英姿颯爽，正係一丈青扈三娘。宋江帶住歐鵬同矮腳虎王英過去應戰。王英係個好色之徒，一見到對方係員女將，就衝過去想將人捉返去。

扈三娘見到王英咸咸濕濕嘅樣就唔順眼，舉起雙刀就斬過去。王英舞起長槍迎戰，打得十幾個回合，王英漸漸招架唔住，佢淨係掛住睩女，畀人打到手忙腳亂，正想撥轉馬頭走人，點知畀扈三娘衝到埋身，一手就捉咗過去。

歐鵬見王英被擒，舞起大刀就過嚟鬥扈三娘。兩個人你來我往，打到飛沙走石，一時之間分唔出勝負。祝家莊嗰邊怕扈三娘打唔過，於是放落吊橋，由祝龍帶住幾百人衝出嚟幫拖。

梁山泊呢邊派馬麟過去應戰祝龍，打咗一陣眼睇住打唔贏，正好秦明趕到，就接替馬麟同祝龍繼續廝殺。呢個祝龍點會係秦明嘅對手？打咗十幾個回合，祝家莊嘅教師欒廷玉見到勢頭唔對，就嗱嗱聲衝出嚟頂住秦明。

欒廷玉同秦明打咗二十幾個回合，眼見仲係不分勝負，於是賣個破綻，就撥轉馬頭向住旁邊草叢走過去。秦明心急，拍馬追上去，結果草叢裏面早就埋伏咗士兵，用絆馬索將秦明連人帶馬𢯎跌咗，然後一擁而上捉住秦明。後面鄧飛上嚟幫手，亦都畀人用撓鈎捉咗去。

宋江眼見秦明同鄧飛都失手被擒，一時之間都唔知點算好。好在得病關索楊雄、拼命三郎石秀、小李廣花榮各自帶住幾百人馬，及時趕過嚟助陣。祝家莊嗰邊見梁山泊好漢越來越多，亦都派出祝彪帶埋幾百人出嚟幫手。兩邊一場混戰打到亂晒大龍，睇到宋江眼都花埋。

宋江見呢個時候天色都唔早了，就招呼人馬且戰且走，乘機撤退。點知對面一丈青扈三娘忽然衝到過嚟，直取宋江，好在得李逵搏命攔住，宋江噉先逃過一劫。扈三娘正要退走，樹林裏邊忽然又衝出一彪軍馬，為首大將手提丈八蛇矛槍，正係豹子頭林沖！

林沖攔住扈三娘廝殺，打得幾個回合，林沖睇準機會賣個破綻，趁扈三娘雙刀斬到埋身，用蛇矛一下逼住雙刀，然後伸手一拉，就將扈三娘捉咗過嚟。

宋江知道呢一仗佔唔到咩便宜了，就指揮軍隊退兵。返去營寨之後，佢吩咐幾個頭連夜將扈三娘送上山寨，請佢父親宋太公照顧。手下啲人以為宋江睇上咗扈三娘，即時小心翼翼噉將佢送返去山寨。

收科 ——「收科」呢個詞，喺粵語裏面係「收拾局勢」、「解決問題」嘅意思。據講呢個詞源自於戲劇表演，原本係指戲劇中人物動作嘅結束，又或者係戲劇嘅收尾。後來就被引申為結局、收場嘅意思。

不過喺實際應用裏面，我哋用呢個詞一般都包含有「收拾殘局」嘅意思，例如話「呢單嘢都唔知點收科」，就係指呢件事唔知點樣先能夠妥善收尾嘅意思。另外粵語仲有「煞科」呢個詞，一般係指戲劇完結、拍攝完成，裏面嘅「科」都係同一個出處。

丈八蛇矛槍到底有幾長？——喺《水滸傳》裏面，林沖喺後期使用嘅兵器係「丈八蛇矛槍」。呢件兵器相傳係三國名將張飛嘅武器，又稱為「丈八點鋼矛」。

不過喺正式嘅史書裏面，並無記載張飛究竟係用咩矛。「丈八蛇矛」最早喺史書上出現，係喺《晉書》裏面記載嘅一句話：「安左手奮七尺大刀，右手執丈八蛇矛」。呢度提到嘅「安」係指五胡十六國時嘅大將陳安，呢句話中嘅「奮」字係指「提起，舉起」嘅意思。古代嘅度量衡與現代唔同，晉朝時「七尺」，其實大約相當於今日嘅 170 厘米，而所謂「丈八」，大概就係兩米幾長。我哋想象一下，如果一個人，可以左手揸住一把長 1.7 米嘅大刀，右手拎住一把超過 2 米嘅長矛，呢個形象真係何其威武！即使林沖比唔上呢個陳安，只係單手使嗰把兩米幾嘅長矛，可以使到出神入化，都已經十分之犀利，真可謂武藝高強了！

聽古仔

一丈青 扈三娘

第二十六回

病尉遲反出登州

宋江領軍攻打祝家莊，唔單止攻唔落嚟，仲畀對方捉咗幾員大將，正喺度發愁，忽然接到探子嚟報：「軍師吳用、阮氏三雄、呂方、郭盛帶領五百人馬過嚟助陣啦！」

宋江一聽即時醒神晒，馬上走出營帳迎接援軍。見面之後，宋江對吳用講咗用兵不利嘅情況，吳用就話：「我今次嚟，正好有個好機會，搞掂祝家莊話都冇咁易。」

宋江馬上問吳用有咩好辦法，吳用解釋話：「最近正好有位好漢嚟入夥，佢同祝家莊嘅欒廷玉係好朋友，所以佢幫忙出咗條計策。」吳用將條計策對宋江一講，宋江拍晒大髀猛咁讚：「好計！好計！」

噉呢個新近上梁山入夥嘅，究竟係咩人，呢條計策又係咩回事呢？

原來，喺山東海邊嘅登州郡，因為山中老虎傷人，當地官府就搏命催促獵戶上山打老虎，如果三日之內打唔到就要被轀入監牢。

當地有一對獵戶兄弟，阿哥叫兩頭蛇解珍，細佬叫雙尾蠍解寶，兩個都有一身好武藝，係當地最好嘅獵手。

佢兩兄弟接到官府打老虎嘅文書，就帶齊家生，一齊上山打老虎。佢兩個喺山上等咗兩日，終於等到只老虎踩中機關，中咗枝藥箭，一仆一碌噉走咗去。解氏兄弟拎住鋼叉喺後面猛咁追，點知隻老虎跑到半山忽然腳軟，一下子就碌咗落山，跌咗入個莊園裏面。

解寶見到就話：「嗰個係毛太公嘅莊園，我哋去搵佢攞返隻老虎。」

於是，佢兩兄弟去到毛家莊搵到毛太公，請佢將隻老虎還畀自己去官府交差。點知毛太公就打死都唔認話有老虎出現啵，去到後院，兩兄弟見到又有血跡，草叢又畀壓平晒，但就係搵唔到隻老虎。

解珍解寶發起火上嚟，打爛啲枱凳話要搜莊，結果畀毛太公叫咗一大班人將佢兩個趕咗出去。佢兩個一肚氣，正打算去報官，行行下就遇到毛太公個仔毛仲義。毛仲義扮晒懵，叫佢哋返入去莊裏面慢慢商量。結果一入到去，成班莊客一擁而上，將解珍解寶捉住綁起身押送去官府，反告佢兩個搶劫。

原來呢個毛仲義一早就將隻老虎送咗去官府。佢怕畀解氏兄弟揭發自己冒領打虎功勞嘅事，於是乾脆就惡人先告狀，將佢兩兄弟捉去官府。

官府裏面有個六案孔目叫做王正，係毛太公嘅女婿，早就同知府打好招呼。佢哋將解氏兄弟屈打成招，打入大牢。毛氏父子仲吩咐王正，喺監牢裏面搵個機會殺咗解珍解寶兩個。

好在監獄裏面有個獄卒叫做樂和。佢係當地提轄孫立嘅舅仔，而解氏兄弟係孫立個細佬孫新老婆嘅外家親戚，計起上嚟大家都算係親戚。樂和眼見解氏兄弟命仔凍過水，就馬上走去搵孫新嘅老婆顧大嫂幫忙。

呢位顧大嫂喺登州城東門外開咗個酒店，因為生得粗眉大眼、膀闊腰圓，又有一身好武藝，所以人稱母大蟲。樂和見到顧大嫂，將解珍、解寶畀毛太公父子冤枉嘅事講晒畀佢聽。顧大嫂一聽就緊張啦，馬上搵老公孫新返嚟商量。

孫新係軍官子弟，同哥哥孫立一樣都練得一身好武藝，所以大家將孫立叫做病尉遲，而孫新就叫做小尉遲。佢聽講解氏兄弟出咗事，決定搵埋喺附近登雲山落草嘅出林龍鄒淵、獨角龍鄒潤一齊幫忙劫獄，將解珍、解寶救翻出嚟。

鄒淵又建議話：「我哋救咗解氏兄弟，可以去投奔梁山泊，就怕登州官軍嚟追殺我哋咋。」

孫新就話：「呢一層你放心，我哥哥孫立係登州兵馬提轄，只要佢肯幫忙，仲怕咩官軍。」

於是第二日，孫新就叫人去搵大哥孫立，呃佢話顧大嫂病重，叫佢快啲過嚟見面。

孫立嚟到之後，見到顧大嫂生龍活虎嘅樣，覺得好奇怪，問佢得咗咩病。顧大嫂就話：「我得咗個救兄弟嘅病。」

孫立一頭霧水，問究竟咩回事，孫新就將解珍、解寶嘅事源源本本講畀阿哥聽。講完之後，顧大嫂搖出兩把刀，大聲話：「大伯你如果見死不救嘅，我就先同你搏命！」旁邊鄒淵、鄒潤亦都走出嚟話要幫忙，嚇到孫立連連耍手話：「大家自己人，你哋唔好咁激動先。既然你哋落定決心，我就算唔幫手以後都會連累到我㗎喇。好啦，我一齊幫手就係啦。」

於是，佢哋分頭搵齊人馬，先由顧大嫂詐帝去監牢探監，然後孫立喺監牢外面叫門，引開個牢頭包節級嘅注意，顧大嫂同樂和就趁機將解珍、解寶放咗出嚟。

解寶衝到出嚟，正好遇上包節級，佢舉起手上嘅木枷兜頭就打過去，將包節級當堂打死咗。然後孫立領頭，帶住大家一齊衝出城外，城裏面嘅官兵見到孫提轄帶頭，邊度夠膽阻攔？一下子就畀佢哋衝到出城外邊。

解珍、解寶對大家話：「毛太公呢個老賊噉樣害我哋，呢個仇點可以唔報啊？」於是，佢哋一大棚人又殺到去毛家莊，將毛太公父子一家大細全部殺晒，將裏面嘅財物搶掠一空，然後就去投奔梁山泊喇。

正好，佢哋一嚟到，就聽講宋江攻打祝家莊不利，孫立就話：「我同欒廷玉係一個師父教出嚟嘅，我帶住兵馬假扮去鄆州調防，路過祝家莊，佢哋一定會迎我入去。到時裏應外合，大事必成。我哋初到山寨，冇咩功勞，就以幫手打敗祝家莊嚟作為入夥之禮啦！」

吳用聽咗之後十分高興，於是安排孫立帶兵兜路去祝家莊，自己就帶住兵馬嚟支援宋江。

宋江聽咗吳用講孫立嘅事，當堂轉憂為喜，安排筵席接待過嚟支援嘅頭領，重新整頓兵馬，準備再去攻打祝家莊。

嗰邊廂孫立帶埋細佬孫新、樂和同解家兄弟佢哋一行人去到祝家莊後門，叫開莊門同欒廷玉相見。欒廷玉見孫立嚟幫手，梗係歡喜啦，介紹佢同祝朝奉一家相見。祝朝奉同三個仔根本無諗過孫立呢個朝廷命官竟然會去落草，仲以為佢哋真係嚟幫忙嘅，所以亦都十分高興，大排筵席接待孫立一行人。孫立仲拍晒心口話：「祝老你放心，梁山泊嘅賊人如果再敢嚟攻打，我幫你捉佢幾個返嚟。」

過得幾日，宋江果然又帶兵過嚟攻打，雙方打得你來我往，十分激烈。孫立見到打咗咁耐都未分勝負，就拍馬衝到陣前，直取宋江。宋江呢邊拼命三郎石秀飛馬出嚟攔住，同孫立打起上嚟。打咗幾十個回合，只見孫立側身閃過石秀嘅長槍，一手就將石秀捉咗過嚟，帶返去叫祝家莊嘅士兵將佢綁起身。

孫立一出手就立功，祝家莊嘅人對佢更加信任喇。而孫立一行人就趁機分頭打探清楚祝家莊嘅情況，隨時準備發動。

過咗幾日，又有莊兵嚟報：「宋江兵分四路，又再嚟攻打山莊啊！」

孫立即刻自告奮勇，要帶頭出戰，其他嘅祝氏兄弟、欒廷玉亦都披掛上馬，各自帶上一隊人馬出陣同梁山泊好漢作戰。

凍過水 —— 廣東地處嶺南，氣候炎熱，極少有結冰嘅情況。所以對於廣東人嚟講，水已經係溫度比較低嘅物質。一樣嘢如果凍過水，就真係好凍。而係粵語裏面，「凍過水」通常用嚟形容失敗機會好高，或者有性命之憂：例如話「呢單嘢凍過水」，意思就係呢件事情做得成嘅機會好微了；或者「佢條命仔凍過水」，意思就係話呢個人嘅生存機會好渺茫。

提轄 —— 喺呢一回裏面，講到病尉遲孫立係「登州兵馬提轄」，而之前魯智深亦都被稱為「魯提轄」。呢個「提轄」係咩官職呢？

「提轄」，顧名思義，可以理解為「管理領導」嘅意思。原來喺宋代，呢個提轄嘅官職都唔低㗎，往往由地方官員知州、知府兼任，稱為「提轄兵甲」。但根據故事嘅描述，孫立同魯智深應該冇咁高級別，所以可能係「提轄兵甲盜賊公事」呢個職位嘅簡稱，屬於地方嘅武官，通常負責訓練軍隊、緝捕盜賊、維護治安等工作。如果放喺今日嚟講，比較切合呢種職能嘅大概就係中國大陸嘅派出所所長了。

而當時，「提轄」其實唔單止有武官，仲有文官，負責管理各種事務，包括採礦鑄錢、製造兵器或宮廷用品、採買官府日用物品或者出售多餘物資等等。

第二十七回

雷橫失手累朱仝

話說宋江指揮梁山泊嘅軍隊，兵分四路攻打祝家莊。祝家莊呢邊一於兵來將擋，派出孫立、欒廷玉、祝氏兄弟各自率領兵馬分頭出去抵擋。

喺莊裏面，孫新、顧大嫂、樂和、鄒潤、鄒淵、解珍、解寶佢哋趁住兵馬都出晒城，殺晒看守俘虜嘅莊兵，將被俘嘅幾位頭領放翻出嚟。

呢下嘢真係龍回大海，猛虎歸山咯，佢哋呢班人喺莊裏面又係放火，又係到處衝殺，將祝家莊攪到一鑊粥噉，最後連祝朝奉都畀石秀一刀殺咗。

喺莊外面，祝虎見到莊內起火，即時心急如焚，急急忙忙想走返轉頭睇下發生咩事，點知畀孫立策馬橫槍喺吊橋前面攔住去路。祝虎呢個時候先醒水，正想掉頭走人，結果畀呂方、郭盛兩枝畫戟一齊殺埋嚟，當堂被刺死於馬下。

另一邊祝龍遇上豹子頭林沖，佢唔係林沖對手，打得一陣就飛馬跑返轉頭。點知行到吊橋邊，就見到莊裏面解珍、解寶喺度大開殺戒。祝龍見勢頭唔對，撥轉馬頭向北邊走人，結果唔好彩遇上黑旋風李逵，一斧斬跌佢匹馬，第二斧就將佢個人頭斬咗落嚟。

祝彪眼見兵敗如山倒，唔敢再戀戰，嗱嗱聲跑去扈家莊投奔一丈青扈三娘嘅哥哥扈成。誰不知連扈成都早就同宋江講好數口，將佢捉住準備送去畀宋江。

但係個魯莽嘅李逵唔知頭唔知路，一路追殺過嚟，見到祝彪同扈成喺一齊，就唔理三七二十一，一斧頭殺咗祝彪，然後又追住扈成嚟斬。扈成嚇到連屋企都唔敢返，雞噉腳走咗去延安府。李逵殺得性起，乾脆衝入扈家莊，將扈家一門老小全部殺晒。

嗰邊廂，宋江返到祝家莊嘅正廳坐低，各位好漢頭領都紛紛返嚟獻功了。呢個時候，李逵亦一身血污，腰間插住兩把板斧噉返嚟領功。宋江見李逵亂咁殺人，大鬧咗佢一餐，不過又見佢作戰英勇，於是就將功折罪，唔再追究喇。

呢一仗梁山泊大獲全勝，得咗好多糧草財帛、牛羊馬匹。因為之前鍾離老人曾經指點石秀，所以宋江亦就下令唔準傷害附近村莊嘅居民，仲發放糧食畀佢哋添。

回程中，吳用又派人假扮官差，話要追究撲天雕李應勾結梁山泊嘅罪名，逼埋李應上山。噉一嚟，梁山泊呢一仗唔單止攻破咗祝家莊，仲為山寨新增咗唔少好漢，大家都十分歡喜。

返到山寨之後，宋江吩咐大排筵席慶功，歡迎新入夥嘅頭領。喺宴席之上，宋江對王英話：「我當日喺清風寨曾經應承過你，要幫你搵一頭親事。而家我父親有個女，可以招你做女婿。」

講完，佢將宋太公同扈三娘請咗出嚟，對扈三娘話：「我呢個兄弟王英，論本事比唔上賢妹，不過我當初應承要幫佢搵一頭婚事。今日賢妹認我父親為義父，一眾頭領都係媒人，我就作主將賢妹許配畀佢。今日正係良辰吉日，兩位就喺度結為夫婦啦！」

扈三娘眼見推託唔到，惟有岌頭應承，王英更加係喜出望外，一齊多謝宋江。大家亦都齊聲稱讚宋江真係有德有義，令人佩服。

大家正喺度飲喜酒，忽然聽到嘍囉嚟報，話雷橫辦事路過，上山拜訪。晁蓋同宋江當日都受過雷橫嘅恩惠，馬上請佢上山飲宴，又送咗一大包金銀過佢，嚟先送佢落山。

雷橫返到去鄆城縣，去衙門交接好事務，就聽人講話近日從東京開封府嚟咗個歌女叫做白秀英，色藝雙絕，喺勾欄表演，搞到嗰度日日都人山人海，非常熱鬧。

雷橫好奇走去捧下場，見到呢個白秀英嘅演出果然十分精彩，大家睇到拍爛手掌。

白秀英演完一段，就攞住個托盤出嚟討賞。雷橫坐喺第一位，白秀英自然第一個就搵佢。但雷橫出嚟得匆忙，身上冇帶銀兩，搞到十分尷尬。白秀英領唔到賞錢，同佢父親白玉乔指住雷橫鼻哥猛咁鬧，雷橫嬲起上嚟，一拳打過去，將白玉乔打到牙都甩埋。

點知呢個白秀英同新任嘅鄆城知縣喺東京嘅時候係老相好，呢個時候佢見父親畀雷橫打傷咗，就走去衙門告官。知縣一味幫住白秀英，將雷橫打咗一身，仲要捉佢去勾欄示眾。

雷橫喺鄆城縣都算係地頭蛇嚟㗎嘛，呢個時候畀人綁咗喺勾欄外面，認真冇面。佢娘親知道咗，就跑過嚟送飯畀雷橫食。佢眼見個仔受苦，忍唔住大鬧白秀英。白秀英梗係唔忿氣啦，衝出嚟追住雷橫嘅娘親就打。雷橫係個大孝子，見阿媽畀人打，是可忍孰不可忍，怒從心頭起，攞起個木枷一嘢就打落去，竟然將白秀英打到頭破血流，當堂冇命。

雷橫知道呢下大件事了，出咗人命自己肯定走唔甩，亦就跟住一眾差人返去衙門自首。知縣見雷橫打死咗自己嘅老相好，梗係嬲到雷橫死啦，即刻就做好晒文書，就叫朱仝押解雷橫去濟州府定案。

朱仝押住雷橫出咗城，叫其他人搵咗個酒店休息，自己帶住雷橫行到僻靜嘅地方，對雷橫話：「你今次搞出人命，又得罪咗知縣，去到濟州府一定死梗。我而家放你走，你快啲帶埋娘親走人啦。」

雷橫嚇咗一跳，猛咁擰頭話：「噉豈不是連累咗兄長？點得呢？」

朱仝話：「我放咗你，上頭最多係話我玩忽職守啫，唔至於死罪嘅。況且我又冇父母要供養，你快啲走啦！」

雷橫十分感動，再三多謝過朱仝，就運小路返去接埋娘親，漏夜走去投奔梁山泊喇。

朱仝放走咗雷橫，返到去衙門同知縣講佢無小心看管，畀雷橫走甩咗。知縣一向對佢頗為關照，就將佢嘅情況反應去濟州府，最後判咗個杖責二十，刺配滄州。

朱仝畀兩個官差押送到滄州，正好遇上知府升堂。個知府見朱仝儀表堂堂，尤其一把鬍鬚長到去腰間，成個關公噉樣，對佢十分喜愛，於是乾脆叫朱仝唔使去牢城服刑喇，就留喺自己府上幫手。朱仝喺官場做慣事，一段時日之後就將上下都打點得妥妥當當，所以滄州府嘅人都同佢相處得好好。

呢一日，知府喺屋企大廳同朱仝傾偈，忽然間有個得四歲大嘅細路哥走咗出嚟。只见呢个细路生得眉清目秀，趣稚可愛，原來係知府嘅親生仔，人人都叫佢做小衙內。

小衙內出到大廳見到朱仝，就走過去要朱仝抱。朱仝將佢一手抱起身，佢就扯住朱仝嘅長鬚話：「我就要呢個大鬍鬚同我玩。」

知府平時待呢個仔如珠似寶，呢個時候見佢咁鍾意朱仝，亦都十分歡喜，就由得佢跟住朱仝出去玩。朱仝帶住小衙內出去打咗個轉，又買嘢畀佢食，氹到佢鬼死咁開心。自此之後，小衙內就成日叫朱仝帶佢出去玩，兩個人十分投緣。

好快就過咗半個月，到咗七月十五盂蘭盆節嘅日子。當地嘅習俗喺呢一日要放河燈祈福，知府夫人就叫朱仝帶小衙內出去睇河燈。

朱仝將小衙內孭喺膊頭上面，一路行到去地藏寺。只見放生池邊放出無數河燈，場面十分壯觀，小衙內睇到好開心，拍晒手掌。就喺呢個時候，朱仝聽到有人叫佢，擰轉頭一睇，竟然係雷橫！

朱仝嚇咗一跳，吩咐小衙內坐好唔好四圍走，自己就跟住雷橫行去人少嘅地方，問佢搵自己咩事。

雷橫話：「上一次兄長救我一命，我去咗梁山泊入夥。宋公明哥哥同晁天王佢哋都感激兄長嘅恩德，想請兄長上山一齊聚義啊。」旁邊吳用亦都走出嚟一齊勸朱仝上山。

朱仝擰頭話：「各位嘅好意朱仝心領啦，我之前係為義氣放咗雷橫，而家喺呢度捱得一年半載，就可以回鄉做個良民，點可以落草為寇呢？請各位唔好再陷我於不義啦！」

雷橫同吳用勸咗一陣，見朱仝點都唔肯應承，亦就唔再勉強。點知朱仝返轉頭再去搵小衙內，發現搵極都搵唔到人！朱仝急到揗嚟揗去，唔知點算好。雷橫就話：「一定係我帶嚟嘅兩個兄弟見兄長唔肯應承就抱咗小衙內去，我帶你去搵啦。」

於是朱仝急急忙忙就跟住雷橫、吳用，出咗地藏寺，一齊去搵小衙內。

粵語中身體各部位嘅講法 —— 粵語對於人嘅身體部位，有好多獨特嘅講法。例如鼻子稱為「鼻哥」，鼻孔稱為「鼻哥窿」，後腦勺稱為「後腦枕」或「後尾枕」，太陽穴稱為「魂精」，手臂稱為「手瓜」，咯吱窩稱為「隔肋底」，大腿稱為「大髀」，膝蓋稱為「膝頭哥」，屁股稱為「籮柚」等等。

噉點解某啲部位嘅名稱上要加個「哥」字呢？其實呢啲應該都係古文嘅俗寫字，比如話「鼻哥」，古時其實係寫作「鼻䫏」，「膝頭哥」古時本來寫作「膝頭髁」。但喺日常使用中，「䫏」同「髁」字實在好複雜，所以為用得方便，用音近嘅「哥」

字嚟代替就越嚟越普遍了。

去勾欄示眾，呢種懲罰侮辱性有幾強？—— 呢一回講到雷橫去勾欄睇人唱戲，結果惹出事端。所謂「勾欄」，原本係指喺瓦市裏面為咗分隔人羣所用嘅欄杆，後來被引申為指古代一啲大城市裏面固定嘅娛樂場所，裏面通常有各種各樣嘅文藝演出，例如雜技、歌舞等等，大致上相當於後來嘅戲院。

宋朝時，因為城市經濟發達，百業興旺，社會包容性好強，而且取消咗唐代一直奉行嘅宵禁政策，所以好多人會喺晚上出外消遣。於是集中咗好多娛樂項目嘅瓦市勾欄，就好似雨後春筍噉發展起身。當時大部分嘅大城市都設有勾欄，供藝人演出各種節目，最大嘅可以容納幾千人。不過後來去到明代，勾欄呢個詞就變成咗妓院嘅代名詞。

而因為喺勾欄消遣嘅人，三教九流各色人等都有。如果要喺咁多人面前被示眾要認低威，實在係好冇面嘅事，所以有官職在身、一向自認為有地位嘅雷橫先咁大反應，更因為呢個過分嘅要求而起咗殺心。

聽古仔

兵圍高唐救柴進

朱仝跟住雷橫、吳用，一路行到出城外一個樹林度，只見李逵正喺度等緊佢哋。朱仝趕上去問小衙內喺邊度，李逵答話：「喺樹林裏面，你自己入去搵啦。」

朱仝行入樹林裏面，一眼就見到小衙內瞓喺地下，朱仝正想扶佢起身，點知發現小衙內早就畀李逵劈死咗咯！

朱仝真係嬲到頭頂飆煙、雙眼噴火，擰轉身衝出樹林，見到只有李逵一個喺度。佢衝上去就要同李逵搏命，但係李逵點都唔肯同佢打，一味猛咁走。李逵平時慣咗穿山過嶺，朱仝行山路當然無佢咁熟，結果追極都追佢唔上。

兩個人你追我走，行咗半晚，終於去到一個大莊園前面。朱仝眼見李逵入去就唔見咗人，亦都唔理咁多一路追到入內廳。佢見到呢度氣勢非凡，唔敢放肆，就開口大聲問：「莊上有冇人啊？」

結果出嚟嘅人原來係小旋風柴進。朱仝早就聽聞佢嘅大名，馬上行禮問好，柴進向佢解釋話：「宋公明送咗封信嚟，話要請閣下上山入夥。吳先生怕你唔肯，所以叫李逵殺咗小衙內，斷咗你嘅後路。」講完，就叫吳用、雷橫出嚟同朱仝相見。

朱仝見事已至此，都知道實在冇其他辦法。但係佢一見到李逵，就忍唔住要同李逵搏命，話要殺咗李逵佢先肯上山。

吳用冇辦法，惟有將李逵留喺柴進莊上，自己同雷橫陪朱仝上山。上到山寨，朱仝見宋江早就將自己家眷都接晒過嚟，唔使擔心佢哋受自己令小衙內遇害呢件事嘅牽連，感激宋江嘅恩德，亦就唔再推辭，喺山寨聚義入夥喇。

啯邊廂李逵喺柴進莊上住咗一個月，忽然有一日，柴進接到封急信，話佢阿叔柴皇城喺高唐州畀當地知府嘅舅仔強佔花園，激到得咗重病，叫佢過去交代後事。李逵自告奮勇，跟埋柴進一齊去。

佢哋趕到去高唐州，見到柴皇城已經病到奄奄一息，臨死之前，吩咐柴進：「打我啯個人叫做殷天錫，係本州新任知府高廉嘅舅仔。呢個高廉係東京高太尉嘅兄弟。殷天錫喺呢度橫行霸道，你要幫我上京告御狀報仇啊！」

柴皇城死咗之後，柴進正喺度安排後事，點知啯個殷天錫又帶住一大班人搵到上門，要柴家馬上搬走，將間屋讓畀佢。一言不合之下，竟然仲叫手下上去打柴進。

李逵喺旁邊早就睇唔過眼，呢個時候見殷天錫咁野蠻，再都忍唔住，大喝一聲衝到埋去，將殷天錫扯落馬就打。殷天錫啲手下想上嚟幫手，結果畀李逵三拳兩腳打低幾個，其他人就一哄而散。李逵發起惡上嚟，捉住殷天錫拳打腳踢，當堂將佢打死咗。

柴進見打死咗殷天錫，知道大事不妙，於是叫李逵馬上趕返去梁山泊。結果李逵前腳一走，衙門就大隊人馬過嚟捉人。知府高廉見自己舅仔畀人打死咗，梗係嬲啦，都唔理柴進有咩嘢丹書鐵券了，直接就吩咐手下將佢打到皮開肉綻，準備定佢死罪。

李逵返到去梁山泊，將打死殷天錫嘅事講畀宋江聽。宋江聽咗大吃一驚，知道今次柴進實死冇生，於是親自率領二十幾位頭領，幾千兵馬，趕去高唐州救柴進。

梁山泊兵馬好快就去到高唐州地界，高廉接到報告倒係十分淡定，親自領軍出嚟迎戰。呢個高廉手下除咗州府嘅兵馬，仲有三百「飛天神兵」，佢哋個個披頭散髮，身上掛住個葫蘆，面上帶住熟銅面具，十分威武。

高廉帶領兵馬嚟到城外，將三百神兵佈置喺中軍，擺好陣勢等住梁山泊嘅兵馬過嚟。梁山泊嘅前鋒部隊由林沖、花榮、秦明率領，兩軍對陣，旗鼓相望。林沖首先策馬出陣，指住高廉大鬧：「你個害民嘅狗官，我遲早殺去京師，將奸臣高俅碎屍萬段！」

高廉見林沖鬧自己大佬，梗係發火啦，就派出統制于直挑戰林沖。結果打唔到五個回合，于直就畀林沖一矛刺於馬下。跟住高廉再派統制溫文寶出馬，又畀秦明用狼牙棒打爆咗天靈蓋。

高廉見噉樣打落去唔對路了，就搣出背後把寶劍，口中唸唸有詞，然後大喝一聲：「疾！」只見高廉嘅部隊之中升起一道黑氣，跟住空中就颾起狂風，吹到飛沙走石，向住梁山大軍兜口兜面吹過嚟。

林沖花榮佢哋雖然久經戰陣，但係幾時見過咁恐怖嘅法術？佢哋座下啲馬匹嚇到亂叫亂跑，麾下嘅士兵更加係盲頭烏蠅噉亂晒大龍。高廉趁機寶劍一揮，嗰三百神兵首先從戰陣裏面衝殺出嚟，其他官軍亦都跟住殺到，打到梁山泊嘅部隊丟盔棄甲，大敗而回，折損咗成千人，一連退咗五十里先至穩住陣腳，搵到地方安營紮寨。

高廉見梁山泊部隊退走，亦就收兵回城喇。

呢個時候，宋江、吳用率領嘅後軍趕到，聽講高廉嘅法術咁厲害，都大驚失色。吳用話：「呢個一定係妖法。如果識得回風返火之術，就可以破佢妖法啦。」

宋江一聽，諗起自己從九天玄女嗰度得嚟嘅三卷天書，裏面就有回風返火破陣之術。於是佢臨急抱佛腳，記熟咒語祕訣，第二日就率領兵馬再去挑戰。

高廉聽講梁山泊兵馬又嚟挑戰，又再帶住部隊出嚟迎戰。今次佢乾脆唔再派將領出戰了，一開頭就念起咒語，颳起一陣怪風，對住宋江佢哋吹過嚟。

只見宋江今次不慌不忙，口中亦都唸唸有詞，用把寶劍一指，同樣大叫一聲：「疾！」又真係奇啵，宋江話音剛落，就見嗰陣妖風即時掉轉頭，對住高廉嘅部隊吹返過去。宋江見法術使得，即刻打蛇隨棍上，指揮軍隊一齊衝殺過去。

點知高廉仲有後手，佢攞咗塊銅牌出嚟，用劍一敲，只見神兵隊伍裏面捲出一陣黃沙，跟住就走咗一羣猛獸出嚟，對住梁山兵馬爭先恐後噉撲過去。

呢下嚇嚇到宋江佢哋眼都大晒，心知抵擋唔住，於是即刻撥轉馬頭搏命走人。高廉指揮兵馬喺後面一路追殺咗二十幾里，噉先鳴金收兵。

宋江佢哋返到去營地，點算咗一下，見雖然兵馬損失咗唔少，但好在一眾頭領都冇事，噉先放落心嚟。宋江問吳用而家點算好，吳用話：「睇嚟只有請到入雲龍公孫勝返嚟，先可以搞掂呢個高廉了。」

於是，宋江馬上派戴宗帶上李逵，一齊去薊州搵公孫勝，佢自己就帶領軍隊穩守營寨，任由高廉點樣挑戰，都打死唔出嚟迎戰。

戴宗同李逵去到薊州，幾經辛苦終於搵到公孫勝。公孫勝聽聞宋江有難，就嗱嗱聲向師父羅真人辭行。臨別之前，羅真人傳授咗五雷天罡大法畀公孫勝，又留咗句偈語畀佢：「逢幽即止，遇汴而還。」

公孫勝領受咗師父法訣，就跟住戴宗李逵趕返去高唐州，路上仲結識咗一位好漢，叫做金錢豹子湯隆，最擅長打造兵器。

佢哋一齊去到高唐州，宋江見公孫勝終於返嚟，十分歡喜，第二日就馬上出兵再去攻打城池。

高廉見宋江唔識死又嚟攻城，繼續故技重施，帶埋「飛天神兵」同馬步軍隊就出嚟迎戰。今次梁山泊呢邊有公孫勝，就唔怕佢嘅法術啦。高廉敲銅牌放野獸出嚟，公孫勝就搣出把松文古劍，唸起咒語大喝一聲：「疾！」只見一道金光射過去，嗰啲野獸毒蟲紛紛跌晒落地，大家定眼一睇，原來都係用白紙剪成嘅。

宋江趁勢指揮部隊衝殺過去，高廉見法術畀人破咗，急急忙忙帶領部隊退返入城，打死唔肯再出嚟喇。

淡定 ——「淡定」呢個詞，喺普通話同粵語裏面都有使用，不過意思上似乎有細微嘅區別。

喺普通話裏面，「淡定」更多偏重於「淡」字，有淡然、置身事外嘅意味；而粵語嘅「淡定」則偏重於「定」，主要指鎮定自若，處變不驚。由此仲生發出一句俗語 ——「淡淡定，有錢剩」，字面意義上係指人遇到事情嘅時候鎮定自若，就容易賺到錢或者不容易遭受損失。大家通常都用呢個俗語嚟表達遇事越係鎮定冷靜，就越容易解決遇到嘅問題同困難，好似賺到錢一樣噉有個好嘅結果了。

丹書鐵券 —— 喺《水滸傳》裏面，柴進家族因為係後周嘅後裔，所以擁有「丹書鐵券」，喺政治上擁有特權。

「丹書鐵券」呢樣嘢喺歷史上係真實存在嘅，係古代帝王頒發畀對國家有重大貢獻嘅功臣嘅一種特權憑證，亦就係民間所講嘅「免死金牌」。不論係戰功卓著嘅軍事將領，定係治國有功嘅文官，都有可能獲得。獲得丹書鐵券嘅大臣，佢哋本人或者子孫，可以喺一定嘅條件下享受免於刑罰或者減輕罪責嘅待遇。

丹書鐵券嘅制度最早由漢高祖劉邦創立，後來幾經變遷，政策亦不斷有變化。例如有啲丹書鐵券寫明謀逆罪唔能夠赦免，有啲就講明子孫唔能夠免死。歷史上最具戲劇性嘅一次，係被民間譽為「海龍王」嘅唐代節度使錢鏐，因為抗逆有功、將吳越地區治理得井井有條而被封為越王。佢喺唐代得到御賜嘅丹書鐵券，後來佢嘅子孫後代喺明代犯咗罪，居然用呢個前代嘅丹書鐵券得以免罪。

小旋風 柴進

連環馬大顯神威

公孫勝破咗高廉嘅法術，將官軍打到大敗而回，跟住就將高唐城團團圍住，四面發動進攻。

公孫勝對宋江、吳用話：「我哋雖然打敗咗敵軍，但係高廉嘅三百神兵並未受損，今晚一定會嚟劫營。」

於是，宋江吩咐軍隊唔再攻城，喺軍營裏面大排筵席犒勞三軍。到咗傍晚，就叫一眾頭領分別帶隊埋伏喺四周。

入夜之後，高廉果然帶住三百神兵過嚟劫營。佢哋行到附近，高廉就祭起法術，即時飛沙走石，狂風大作，嗰三百神兵將身上嘅葫蘆口點着，嗰啲葫蘆紛紛噴出火焰，對住梁山大軍嘅營寨就燒過嚟。

點知公孫勝早就企定喺高處，寶劍一指，半空忽然打咗個響雷，三百神兵啲火當堂熄晒，然後四周嘅伏兵一齊殺出，將三百神兵圍住嚟打。

高廉見到勢頭唔對，噏噏聲走返入城，但係嗰三百神兵就畀梁山大軍殺到全軍覆沒，一個都冇得剩。

高廉今次真係冇晒符，惟有寫信去附近東昌、寇州搬救兵。點知吳用早就估到佢會噉做，提前派兩隊兵馬假扮成救兵，呃到高廉領軍出嚟會合，然後幾路人馬追住高廉嚟打。高廉畀人追到冇路好走，情急之下忽然唸起咒語，大喝一聲：「起！」竟然駕起一片黑雲飛走咗去。大家正喺度心急，只見公孫勝不慌不忙行出嚟，用寶劍向住高廉一指，喝一聲「疾！」話音剛落，高廉就成個人從雲上面跌咗落地，雷橫幾步追上去，一刀將佢斬成兩截。

殺咗高廉之後，梁山泊大軍入城，將柴進救返出嚟，然後就打住得勝鼓，班師返去梁山泊喇。

京城嗰邊，太尉高俅接到消息話自己兄弟高廉被殺，高唐州被破，嬲到不得了，第二日馬上向皇帝上奏。徽宗皇帝聽咗亦都十分緊張，叫高太尉調動兵馬，剷平梁山泊。高太尉就稟奏話：「臣保舉一個人，一定可以平定梁山草寇。」

皇帝好好奇，問佢保舉邊個，高太尉答話：「呢個人係開國名將呼延贊嘅後代，單名一個灼字，使一對銅鞭，有萬夫不當之勇，現任汝寧郡都統制。有佢出馬，一定可以平定叛亂嘅。」

徽宗皇帝聽咗十分高興，馬上下旨，傳呼延灼到京師，覲見天子。

呼延灼趕到京師，先係去拜見高太尉，然後第二日早朝就去朝見天子。徽宗皇帝見呼延灼儀表非凡，十分歡喜，賞賜咗一匹踢雪烏騅馬畀佢。

呼延灼謝過聖恩，就去太尉府商討出兵嘅事。呼延灼對高太尉話：「恩相，小人推薦兩位先鋒官，一個係陳州團練使，百勝將軍韓滔；另一個係潁州團練使，天目將軍彭玘。」

高太尉滿口應承，馬上叫人將韓滔、彭玘調到京師，跟隨呼延灼一齊領軍平叛。呢一次高太尉落足本錢，打開軍械庫調撥大批兵器盔甲畀呼延灼。所以呼延灼嘅部隊真係陣容鼎盛、盔甲鮮明、威風凜凜，沿途嘅百姓見到都紛紛讚好。

梁山泊嗰邊接到消息，晁蓋同宋江馬上召集一眾頭領，商討破敵之策。吳用話：「我聽聞呢個呼延灼武藝高強，能征善戰，要先派大將力敵打住佢嘅氣勢，然後再諗辦法捉佢。」

於是，宋江發落軍令，用秦明打頭陣，林沖打第二陣，花榮打第三陣，扈三娘打第四陣，孫立打第五陣。然後宋江再帶領其他人押後接應。

第二日，呼延灼嘅大軍殺到，兩邊擺好陣勢，秦明、林沖、花榮輪番上陣，韓滔、呼延灼同彭玘亦都兵來將擋，同梁山泊嘅人馬打個不亦樂乎。

到咗第四陣，彭玘對陣一丈青扈三娘。彭玘見對方係員女將，舞起三尖兩刃刀就殺過去，扈三娘挺起雙刀同彭玘打咗二十幾個回合，撥轉馬頭就走。彭玘心急立功，拍馬喺後面猛追，結果畀扈三娘用個套索一下拋過嚟套住，將彭玘成個拖咗落馬。孫立喺後面見到，馬上帶兵沖上去，將彭玘捉住咗。

呼延灼見到彭玘被擒就心急喇，發動大軍衝殺過去，宋江就指揮大軍從兩面夾攻。本來梁山泊呢邊捉咗彭玘，士氣正盛，宋江嘅部隊左右夾擊，又佔咗地利，應該大勝至係。但係呼延灼嘅軍隊都係重甲騎兵，人稱「連環馬」，個個身披重甲，連馬匹都用馬甲包到實一實，人同馬都只係露出一對眼。噉一嚟梁山泊嘅弓箭傷唔到連環馬，而連環馬嘅騎兵就可以用弓箭射傷梁山泊嘅人馬了。

宋江見到再打落去好蝕底，於是就鳴金收兵，退返去營寨。

入到營寨之後，手下嘍囉將彭玘推上嚟，宋江馬上親自幫彭玘鬆綁，將佢請入中軍大帳，分賓主坐落。彭玘見宋江咁客氣，就問宋江：「小將戰敗被擒，本來應該冇命，點解將軍仲以禮相待呢？」

宋江答話：「我哋因為朝廷奸臣當道，無處容身，噉先被迫落草為寇。其實我哋大家都一心等候皇上開恩，朝廷招安，又點敢傷害將軍呢？」彭玘一向聽聞宋江嘅名聲，呢個時候見佢咁謙遜，十分感動。於是宋江請人送彭玘上山寨，同晁蓋相見，請佢一齊入夥。

另一邊呼延灼打完一仗，見梁山泊一眾頭領本事高強，就同韓滔商量對策。韓滔建議話：「今日我哋兵馬一衝過去，佢哋就手忙腳亂了。聽日只要全部用馬軍喺前面衝鋒，一定可以打贏！」

呼延灼聽咗都好贊成，於是第二日佢將三千馬軍分成一百隊，每三十匹馬連成一隊，用鐵環連埋一齊，敵人離得遠就射箭，離得近就用長槍衝刺，另外嗰五千步兵就跟喺後面接應。

宋江帶住梁山泊人馬迎戰，見對方忽然放出大隊騎兵，漫山遍野噉衝過嚟，於是嗱嗱臨叫士兵放箭。但係連環馬嘅盔甲堅固，弓箭對佢哋毫無殺傷力，一下子又將梁山泊嘅部隊衝到亂晒大龍。宋江見勢頭唔對，喺眾頭領保護之下，雞噉腳走到返去水邊，上船走人。後面李逵帶住埋伏好嘅人馬出嚟搏命擋住呼延灼嘅馬軍，噉先救翻宋江。

呢一仗，梁山泊損失咗大半人馬，唔少頭領都中箭受傷，好在都冇性命之憂。經此一役，宋江再都唔敢主動出擊，每日只係加固水寨，堅守不出。

呼延灼大獲全勝，自然十分高興。佢見宋江堅守水寨，就向朝廷申請徵調炮手轟天雷凌振過嚟幫手攻破水寨。高太尉接到捷報，梗係托塔都應承啦，馬上將凌振派過去畀呼延灼。

凌振帶齊火炮炸藥，去到呼延灼嘅營寨，就安排士兵架起三種火炮，分別係風火炮、金輪炮同子母炮，準備發動進攻。

嗰邊廂宋江正喺度同吳用商量破敵之策，忽然接到嘍囉嚟報：「官軍嗰邊新嚟咗個炮手，叫做轟天雷凌振，佢喺水邊駕起大炮，準備攻打山寨啊！」

吳用就話：「唔使怕，我哋呢度四面都係水泊，佢門炮再勁都打唔上山寨。我哋先退上山寨，睇睇佢有咩本事先。」

於是宋江放棄水寨，退返去梁山泊宛子城。啱啱坐落，就聽到山下連聲炮響，跟住嘍囉嚟報：「凌振喺山下放咗三炮，兩炮打咗落水，一炮打到去鴨嘴灘水寨！」

大家聽講凌振嘅火炮咁勁抽，都嚇咗一跳。吳用就話：「要搵人將呢個凌振引到去水邊，捉佢返嚟，噉先可以再商討破敵之計。」

於是，晁蓋安排李俊、張橫、張順同阮氏三雄一齊出發，又叫朱仝、雷橫喺岸上接應，準備諗辦法將凌振捉返嚟。

托塔都應承 —— 粵語裏面形容無論如何，有個有趣嘅講法叫做「托塔」，例如無論如何都答應，就稱為「托塔都應承」。

呢度嘅「托塔」，字面意思係托住個塔，亦即係負重嘅意思。托住個塔咁辛苦咁困難都應承，即係無論幾難都應承去做某件事嘅意思。其實喺粵語中，「塔」除咗我哋日常理解嘅係一種建築之外，仲有另一個意思係指裝有人糞便排泄物嘅木桶，即「屎塔」。從前廣府地區每日凌晨都有人專門嚟收呢種污穢之物，用於農田間施肥，所以人們形容早起牀有一種講法係「倒塔咁早」。

但不論係指托住一座寶塔，還是托住一個「屎塔」，都係好唔容易嘅事，所以要表達「無論如何都要做」呢個意思，亦都可以稱為「托塔都要做」，同「幾大都要做」係同樣嘅意思。

火炮 —— 呢一回講到轟天雷凌振用火炮攻打梁山泊。宋代係咪已經有火炮呢？事實上，中國四大發明之一嘅火藥，喺宋代確實已經喺軍事上得到大量應用。根據宋仁宗時期官方主持編修嘅《武經總要》記載，宋朝「軍器監」有多個火器製造作坊，生產包括引火球、鐵嘴火鷂、火箭、火蒺藜等火器。不過當時使用嘅黑火藥殺傷力比較有限，鑄造技術水平亦都未夠高，所以製造嘅火器殺傷力唔係太高，並唔係戰場上嘅主力。

至於宋代嘅火炮，其實都有分唔同嘅時期。北宋時嘅所謂火炮，其實就係大型嘅投石機，輔以火藥等材料，增加聲勢同殺傷力。到咗南宋時期，朝廷為咗收復被金國佔領嘅失地，先開始用上更先進嘅武器。其中根據史料記載，隆興元年（南宋時宋孝宗嘅年號）發明嘅火石炮（霹靂炮）可能係世界上最早嘅火炮了。而真正確認有實物出土嘅火炮，則係喺內蒙古出土嘅元朝大德二年（公元 1298 年）製造嘅銅製火銃。

入雲龍 公孫勝

第三十回

金槍大破連環馬

梁山泊幾位水軍頭領同晁蓋派嚟嘅將領，帶住幾十個熟悉水性嘅手下，漏夜開船去到岸邊，將凌振嘅炮架攞到𢭃晒。凌振接到報告，就帶上一隊人馬過嚟捉人。去到之後，只見李俊、張橫佢哋已經跳晒上船，幾十條船一字排開。

凌振指揮士兵過去搶船，李俊張橫佢哋反而全部跳晒落水，然後雷橫、朱仝就喺對岸搖旗吶喊。凌振見搶到船隻，又指揮士兵開船過對岸進攻，點知行到一半，水裏面游出幾百水軍，將船尾嘅木塞全部搣走。結果啲船猛咁入水，慢慢向下沉，凌振同班士兵一個二個跌晒落水。阮小二早就喺水底等住凌振，一見到佢跌落水，即刻上去一下抱住佢，直接游到去對岸，叫人將佢綁起身送上山寨。

等呼延灼接到消息，帶兵出嚟救援，梁山泊嘅人都走晒去對岸咯。

宋江聽聞大家捉到凌振，馬上親自落山，去到山下關卡迎接，仲親自幫佢鬆綁，帶住佢一齊行上山，邀請佢留喺梁山泊。凌振見宋江咁客氣，上到山上又見到彭玘已經入咗夥，亦都唔再推辭，應承聚義入夥。

第二日，一眾頭領又喺度商量點樣對付呼延灼嘅連環馬，金錢豹湯隆就建議話：「家父曾經幫老種經略相公打造兵器，做過延安知寨。當年喺軍中有操練連環馬，要破陣就要用鈎鐮槍。呢種兵器我識得打造，但係我唔識得用。惟有我一個外家表兄會用祖傳嘅鈎鐮槍法，喺東京做金槍班教頭。只要搵到佢返嚟，就可以破到連環馬喇。」

林沖一聽亦都話：「你講嘅係咪金槍將徐寧？我以前喺京師見識過佢嘅武藝，鈎鐮槍法確實獨步天下。不過點先請到佢上山呢？」

湯隆話：「佢有一套祖傳嘅雁翎鎖子甲，寶貝到不得了，吊喺自己屋樑上面。只要偷到佢呢套盔甲，就唔愁佢唔上山。」

宋江聽咗當堂眉頭都鬆晒，馬上派鼓上蚤時遷去東京，吩咐佢一定要諗辦法偷到徐寧嘅盔甲。而湯隆就將祖傳嘅鈎鐮槍圖樣攞出嚟，由雷橫監工，馬上郁手開始打造鈎鐮槍。

時遷去到東京搵咗個地方落腳，就每日去徐寧屋企觀察動靜。等咗幾日，終於等到徐寧要去值班，時遷運廚房潛入徐寧屋企，施展功夫跳到去屋樑上面，將個裝住雁翎鎖子甲嘅皮箱偷咗出嚟，畀戴宗送返去梁山泊。

到咗傍晚，徐寧返到屋企，發現套寶貝盔甲竟然唔見左，搞到佢坐立不安，成日囉囉攣，十分之俺悶。過咗幾日，湯隆去到徐寧屋企登門拜訪，詐帝話自己父親過身之後留低咗遺物畀徐寧，所以自己專程送過嚟。

徐寧多謝過湯隆，就講起自己家傳寶甲畀人偷咗嘅事。湯隆心諗：就係等你講起呢件事啦！於是佢裝模作樣噉接住話頭，呃徐寧話自己喺路上見到有人攞住個皮箱，徐寧一聽當堂鬼死咁激動，馬上跟住湯隆就出發去追套盔甲。

湯隆帶住徐寧一路行一路行，好不容易追上咗時遷。點知時遷話自己淨係得個皮箱，套盔甲已經畀個大財主郭大官人買咗去。徐寧逼住時遷帶佢去搵呢個郭大官人，結果行得一段路，就畀人用蒙汗藥迷暈咗，送到上去梁山泊喇。

上山之後，宋江、湯隆都出嚟向徐寧賠罪，並且請佢留喺山寨，幫忙訓練士兵用鈎鐮槍破連環馬。林沖同徐寧係舊相識，亦都出面幫手勸佢入夥。宋江仲拍晒心口保證幫徐寧將家人全部接過嚟。佢哋出盡法寶，終於講掂咗徐寧應承留喺山寨。

呢個時候，由雷橫監製嘅鈎鐮槍已經打造好了。於是徐寧嚟到聚義廳，攞起一把鈎鐮槍就操練起身，真係神出鬼沒、變幻莫測，睇到大家拍晒手掌大聲喝彩。接落嚟喺徐寧嘅悉心指導之下，梁山兵馬有幾百人學識咗鈎鐮槍法。

準備定當之後，宋江預先安排好伏兵，然後就指揮兵馬主動出擊。呼延灼連日挑戰都冇人應戰，正喺度心急，呢個時候宋江自己肯出嚟，佢梗係高興啦，馬上指揮連環馬軍佈好陣勢，就向梁山兵馬發動衝鋒。

呢一次，梁山泊呢邊不論頭領定係兵丁，一律步戰，分成十隊從四面八方向官軍殺過去。呼延灼唔理三七二十一，指揮馬軍分頭迎戰。點知忽然聽到連聲炮響，凌振嘅風火炮、子母炮係噉打過嚟，殺傷力雖然唔大，但係嚇到啲馬匹亂叫亂跑，連環馬嘅陣勢當堂亂咗。梁山泊嘅步軍一味往蘆葦叢最茂密嘅地方走過去，等連環馬埋到嚟，就施展鈎鐮槍法，用鈎鐮槍先勾跌晒兩邊嘅馬匹，等中間嘅騎兵畀兩邊拖住，就用撓鈎去捉馬上嘅騎兵。結果呼延灼嘅連環馬入去一隊就跌低一隊，一片一片噉跌入去草叢裏面，幾乎全部畀人捉晒。

呼延灼見到勢頭唔對，惟有揮舞雙鞭殺出一條血路，向住東北方向走咗去。

呢一仗梁山泊不但得咗大量馬匹，仲俘虜埋韓滔。宋江親自將韓滔請到聚義廳，設宴款待，又叫彭玘、凌振一齊勸佢入夥。韓滔見咁多自己人都喺梁山泊，於是亦都應承留低，做咗梁山泊嘅頭領。

嗰邊廂呼延灼單人匹馬走咗出嚟，心諗：「今次折損咗咁多兵馬，實在冇面目返去東京。係啦，青州嘅慕容知府同我係舊相識，我不如去投奔佢，請佢幫忙打通慕容貴妃嘅關節，再領軍返嚟報仇都未遲啊！」

於是，佢馬頭一轉，向住青州方向直奔而去。

行咗一日，呼延灼又餓又口乾，見到路邊村口有間酒店仔，就將馬匹綁喺店門前面嘅樹上，自己入去飲酒食飯。

食完之後，佢問店小二可唔可以畀佢休息一晚，店小二話：「客官你唔嫌棄呢，瞓一晚都冇所謂。不過我哋呢度附近有座桃花山，山上有兩個綠林大盜，一個叫打虎將李忠，一個叫小霸王周通，時不時會嚟打劫過路客商。客官你小心啲至得。」

呼延灼一聽就笑住話：「只不過係幾個毛賊，我怕佢有牙咩？你幫我照顧好匹馬就得啦！」

結果呢一晚呼延灼飲多兩杯，一覺瞓到三更，忽然畀個店小二吵醒。佢睡眼惺忪噉行出嚟問發生咩事，店小二就心急如焚鬼殺咁吵話：「弊啦客官，你匹馬畀人偷咗啊！」呢一下屋漏偏逢連夜雨，真係激到呼延灼扎扎跳，但一時之間又冇辦法，惟有去青州搵到慕容知府再作打算。

去到青州之後，呼延灼向慕容知府講咗自己作戰不利，馬匹被盜嘅事，慕容知府話：「將軍中咗奸人之計，非戰之罪。我哋呢度亦都經常畀草寇侵擾。將軍既然嚟到，不如就先幫忙掃清桃花山，搶翻御賜寶馬，然後再去清剿二龍山、白虎山啦！」

呼延灼見慕容知府肯幫忙，十分感激。休息咗幾日，佢點起二千兵馬，就出發去攻打桃花山。

桃花山上嘅李忠同周通之前得咗呼延灼匹寶馬，正喺度飲宴慶祝，忽然接到消息話青州派官兵過嚟攻打山寨，周通就自告奮勇，帶兵出去應戰。

點知今次就唔同平時啦，呼延灼武藝高強，周通打得幾個回合就招架唔住，惟有撥轉馬頭走返上山。呼延灼怕有埋伏，一時之間亦都唔敢追趕。

周通返到山寨，同李忠話呼延灼好厲害，自己打佢唔過。李忠就話：「我聽聞二龍山嗰邊有花和尚魯智深、青面獸楊志同行者武松，個個都有萬夫不當之勇。不如我哋寫封信過去，請佢哋過嚟幫手啦。」

於是，李忠寫咗封信，叫嘍囉送過去二龍山。魯智深接到信，亦都唔多廢話，叫埋楊志、武松，點起一隊兵馬就過去桃花山幫手。

囉囉攣 —— 「囉囉攣」喺粵語裏面係心神不定、心急如焚、心裏面七上八落嘅意思。呢度嘅「攣」，係痙攣、抽搐嘅意思，人喺緊張嘅時候會有心跳加快，乃至心臟抽搐嘅情況；而「囉囉」則係一個語氣助詞，有頻繁嘅意味。粵語裏面有唔少類似嘅特色俗語，例如「嗱嗱聲」、「擒擒青」、「氹氹轉」、「吊吊揈」、「失失慌」等等。

連環馬 —— 喺呢兩回裏面，呼延灼指揮嘅連環馬一度令梁山泊軍隊十分頭痛，後來靠徐寧嘅鈎鐮槍先至取勝。喺歷史上，連環馬確實係一個非常強有力嘅戰鬥方式，曾經喺戰場上發揮巨大威力。根據史書記載，五胡十六國時期，前燕嘅慕容恪就曾經使用連環馬戰術，打敗武悼天王冉閔。到咗宋朝，金國崛起，金國嘅騎兵就稱為「連環馬」、「鐵浮屠」，係身披重甲嘅重裝騎兵，殺傷力非常恐怖。不過真實嘅連環馬，最多都係兩三匹馬用鐵鏈相連，用於圍困步兵，唔可能好似小說裏面所講三十匹馬連埋一齊。

聽古仔

第三十一回

計破青州服呼延

李忠派人去二龍山求援，聽到嘍囉回報話魯智深應承帶兵過嚟幫手，十分高興，馬上親自領軍落山接應。點知一落山就撞正呼延灼帶住軍隊過嚟攻打。李忠同呼延灼打得十幾個回合，實在招架唔住，惟有撥轉馬頭就走。呼延灼梗係喺後面猛追啦，追得幾步，就聽到後軍喺度大呼小叫。呼延灼擰轉頭一睇，只見一彪軍馬從後面趕到，領頭嘅正係花和尚魯智深。

魯智深見到呼延灼就大鬧：「你個梁山泊嘅敗軍之將，喺度嚇邊個啊？」激到呼延灼頭頂飆煙，舞起雙鞭就殺過去。魯智深亦都不甘示弱，舉起鐵禪杖策馬應戰。

佢兩個你來我往，打咗四五十個回合都分唔出勝負，呼延灼心裏面暗暗稱讚：「呢個死和尚又真係幾打得喎！」

喺二龍山呢邊，楊志見魯智深打咗咁耐都未打得贏，於是舞起大刀衝上嚟換咗魯智深落去休息。呼延灼同楊志又打咗幾十個回合，依然係不分勝負。佢心諗：「邊度走呢兩條友出嚟，咁好打嘅？唔似普通嘅綠林人士喎。」

呢個時候兩邊見難以取勝，都各自鳴金收兵。入到軍營之後，呼延灼正煩悶緊點樣先可以打敗二龍山呢班山賊，忽然接到慕容知府通知，話白虎山嘅孔明、孔亮帶兵去攻打青州，要救佢哋阿叔孔賓，請佢返去幫忙守城。呼延灼冇辦法，惟有連夜帶領兵馬返去青州喇。

返到青州城，正好遇上孔明領軍攻城，呼延灼一返嚟就大顯身手，三兩下手勢將孔明生擒活捉，打到白虎山嘅兵馬大敗而回。

孔亮見打唔過呼延灼，帶住殘兵敗卒就走咗去。喺半路上，去正好遇上武松，就跟住武松去同魯智深佢哋碰頭，一齊商量點樣攻打青州。

楊志建議話：「我哋三山人馬雖然唔少，但係青州城池堅固，又有呼延灼喺度守城，齋靠我哋恐防搞唔掂。不如請梁山泊宋公明過嚟幫手。」

孔亮一聽，就自告奮勇，去梁山泊搵宋江。宋江聽講呼延灼去咗青州，仲捉咗孔明，就帶埋二十位頭領，幾千兵馬，浩浩蕩蕩向青州城進發去幫手了。

去到之後，宋江先同武松、魯智深、楊志、李忠、周通佢哋相見，大家見宋江咁快就應承過到嚟施以援手，不禁感慨佢「及時雨」嘅綽號果然名不虛傳，都十分佩服。宋江問起攻城嘅情況，楊志話：「我哋同呼延灼交咗幾次手，都係不分勝負。如果呼延灼唔喺度，我哋攻破青州城就話都冇咁易啦！」

吳用笑住話：「呢個人唔可以力敵，要智取先得。」

於是第二日，宋江派秦明帶一千人馬去到城下叫陣。呼延灼領軍出城應戰，同秦明兩個打個旗鼓相當，一樣連戰幾十個回合仲係不分勝負。慕容知府怕呼延灼有失，鳴金將佢叫返轉頭。

回城之後，呼延灼休息咗一陣，就接到士兵嚟報：「城北門外面有三個人騎住馬喺度觀察城池，中間嗰個着紅衫騎白馬，旁邊一個係小李廣花榮，另一個着件道袍，唔知係邊個。」

呼延灼一聽就精神喇：「着紅衫嘅一定係宋江，着道袍嘅必定係軍師吳用。唔好驚動佢哋，等我帶人去捉佢哋返嚟。」

於是，呼延灼點起一百人馬，出咗北門就直取宋江佢哋三個。宋江等人見到有兵馬殺到，擰轉頭急急忙忙就要走。但係佢哋馬慢，呼延灼馬快，走到去幾棵枯樹旁邊，眼睇住就要畀呼延灼追上喇。呼延灼見勝利在望，出力拍馬趕過嚟，點知忽然間「轟隆」一聲，連人帶馬跌咗入個陷坑裏面，畀幾十個撓鈎手一齊鈎住綁咗起身。其他嘅士兵見主將失守，再畀花榮射低幾個，亦就一哄而散了。

呼延灼被綁到梁山泊大營宋江座前，宋江馬上叫人幫佢鬆綁，又親自扶佢坐落，對呼延灼話：「宋江因為受貪官污吏迫害，不得已先喺梁山泊避難，一心等朝廷招安。冒犯將軍，實在非我本願。而家高太尉當道，佢為人心地狹窄，將軍如果返去必定被人追究，不如就嚟我哋山寨，共商大義啦。」

呼延灼見宋江咁義氣，又聽講韓滔、彭玘、凌振佢哋都入晒夥，於是亦都岌頭應承。宋江十分歡喜，將呼延灼嘅烏騅馬還返畀佢，請佢去呃開青州城門。一眾頭領跟住殺入城內，殺咗慕容知府，救返孔明同孔賓叔姪，就浩浩蕩蕩一齊返去梁山泊喇。

晁蓋見宋江呢一趟帶咗咁多位好漢返嚟，非常之高興，大排筵席為新頭領接風。宴席之上，林沖同魯智深、楊志講起之前嘅事，都十分感慨，大家都話今次能夠喺梁山泊再聚頭，真係天數使然。

過咗幾個月，魯智深忽然諗起九紋龍史進，於是同宋江講，要去華州少華山將史進同朱武佢哋幾個帶返嚟。宋江一聽梗係歡喜啦，叫武松同魯智深一齊出發。

點知去到少華山，只係見到朱武、陳達佢哋，就見唔到史進啵。魯智深問史進去咗邊，朱武答話：「唉，史大官人之前抱打不平，救咗個畀本州賀太守迫害嘅畫匠，然後又去刺殺賀太守。結果一個唔小心畀人捉住咗。而家賀太守仲話要發兵嚟攻打山寨添啊！」

魯智深一聽，發起火上嚟，唔理大家勸阻，攞住禪杖戒刀就去咗華州城要殺賀太守。

入城之後，佢正好遇上賀太守嘅官轎路過。魯智深本來想嘟手，但係見賀太守身邊護衛森嚴，一時之間搵唔到機會。

點知賀太守喺轎裏面正好睇到魯智深想嘟手嘅樣，於是叫人呃魯智深入去太守府，話要請佢食齋。結果魯智深一入到去，就畀一大班人圍上嚟捉住咗。賀太守問佢係邊個，點解要刺殺自己，魯智深聲大大噉話：「我就係梁山泊嘅花和尚魯智深，你識做就放咗我，如果唔係，畀我大哥宋公明知道咗，你人頭不保！」

賀太守聽咗梗係嚇啦，將魯智深打咗一身，轄入大牢等候處置。

武松聽聞魯智深失手被擒，正喺度心急，正好呢個時候，神行太保戴宗趕到了，武松馬上請戴宗返去梁山泊搬救兵。

戴宗聽完亦不敢怠慢，急急腳趕返到山寨，將史進、魯智深被擒嘅消息報畀晁蓋、宋江知。宋江一聽好緊張，馬上帶住十幾位頭領，幾千精兵，浩浩蕩蕩又殺去華州城。

去到城下，吳用陪宋江去觀察咗一番，發現華州城城池堅固，戒備森嚴，實在唔容易攻破。於是吳用就叫宋江唔使心急，先耐心打聽下消息情報，再作定奪。

過咗幾日，嘍囉忽然嚟報：「聽講朝廷派咗個殿司太尉，帶住御賜嘅金鈴嚟華山上香祭祀，而家正從渭河過緊嚟。」

吳用一聽就高興喇：「兄長唔使憂心喇，華州城就着落喺呢位太尉身上。」

於是，吳用安排一眾頭領率領水陸士兵，漏夜喺渭河渡口做好埋伏，等太尉嚟到就郷手。

第二日一早，只見三條官船敲鑼打鼓噉駛過嚟，船上插嘅黃旗寫住「欽奉聖旨西嶽降香太尉宿元景」。宋江見到心諗：「當日九天玄女同我講過『遇宿重重喜』，今次遇到呢位宿太尉，一定有好事喇。」

於是，等到宿太尉嘅船隊行到埋嚟，梁山泊嘅伏兵一下子衝晒出嚟，將官船攔喺河中間。宋江請宿太尉上岸，話要借佢嘅官服儀仗、御賜金鈴，去呃開華州城嘅城門，事後馬上歸還。

宿太尉呢個時候肉隨砧板上，邊度到佢唔應承？惟有將所有家生畀晒宋江係喇。

粵語中嘅「走」字 —— 「走」呢個字，除咗「走路」、「離開」之外，喺粵語裏面仲有唔同嘅意思。

第一個係「跑」，呢個用法應該源自於古漢語，粵語俗語「未學行，先學走」裏面嘅「走」，其實就係跑嘅意思。第二個係「去除」、「取消」之意，例如大家落單買飲品嘅時候同店員講唔好加奶，就可以講「走奶」。而「走雞」裏面嘅「走」字，則有失去嘅意思，走雞就係「失去機會」噉解。例如我哋經常聽老人家講「快啲去睇下有咩平嘢買，咪走雞」，就係叫人唔好錯失買平嘢嘅機會了。

朝廷招安是一種點樣嘅政策？ —— 喺古代，政府對於老百姓聚眾造反，除咗發動軍隊鎮壓之外，「招安」亦都係辦法之一。

所謂招安，亦都稱為「招撫」，一般係指用籠絡手段令造反嘅民眾願意被降服，或者平息非法組織策劃嘅動亂。朝廷對呢種人招安之後，有可能將佢哋遣散回鄉務農，亦都有可能將佢哋收編為朝廷嘅軍隊，為朝廷服務。招安之後嘅待遇，亦都會視造反組織嘅實力同朝廷嘅能力而有所不同。例如唐朝末年黃巢起義軍嘅首領中有人接受咗朝廷嘅招安，就有畀封為節度使嘅，原因係呢個時候唐朝政府能力不足，而造反軍隊實力強大。

喺《水滸傳》中提到，梁山泊好多事務都要倚重宋江嘅決策，而宋江本人，並唔係堅定嘅造反派。佢其實一開始就無打算過同朝廷作對、分庭抗禮，反而一直表達出希望獲朝廷招安嘅意願，再加上當時嘅朝廷力量亦唔強大，所以最後梁山泊一眾好漢歸順朝廷之後，唔少人都獲封官職，始終都係繼續為朝廷效力。

雙鞭 呼延灼

晁蓋命喪曾頭市

宋江一行人「借」到宿太尉嘅衣物儀仗，搵咗個嘍囉着上宿太尉嘅服飾，打扮成宿太尉。其他人亦都紛紛換裝變身，成隊人馬即時變成咗去西嶽上香嘅隊伍。

佢哋一班人浩浩蕩蕩，直接去到西嶽廟，上完御香，扮成客帳司嘅吳用就問個觀主：「我哋太尉大人奉聖上諭旨嚟上香，點解唔見地方長官過嚟迎接啊？」

觀主答話：「已經叫咗人去通報啦，應該好快到。」

話音未落，賀太守派嚟嘅推官同屬下官吏差役就趕到了。推官對吳用話：「之前我哋已經收到文書話太尉大人要嚟，不過唔知道太尉原來直接過嚟西嶽廟，所以有失遠迎。而且最近少華山同梁山泊嘅賊人喺度攻打城池，所以太守大人唔敢擅自離城，叫下官先帶酒禮過嚟拜見。」

吳用打晒官腔話：「我哋太尉大人唔舒服，唔使用酒食喇，等太守過嚟再見面啦。」

然後，佢又帶住推官去參觀御賜嘅金鈴。嗰套金鈴做工精緻，珠光寶氣，巧奪天工，一睇就知道唔係民間普通工匠可以做得出嚟嘅。然後吳用又將中書省嘅公文攞出嚟畀推官，叫佢返去回報賀太守，請賀太守過嚟商量祭祀嘅事。

個推官睇到眼花撩亂，唔到佢唔信，於是馬上返去向賀太守稟告。

賀太守接到報告，就帶上三百名手下趕到西嶽廟，拜見太尉。吳用喺門口叫停其他人，然後請賀太守入廟。一入到去，吳用就大聲喝問：「太尉奉旨嚟西嶽上香，你唔嚟迎接，知唔知罪？」賀太守都仲未反應過嚟，已經畀解珍、解寶兩兄弟衝出嚟捉住，一刀將佢個人頭割咗落嚟。

宋江見殺咗賀太守，大叫一聲：「嘟手！」埋伏嘅人馬一齊衝出嚟，好快就將賀太守班手下殺個清光。

賀太守一死，華州城群龍無首，一下子就畀梁山泊嘅人馬衝咗入城，將史進同魯智深救翻出嚟，然後打開府庫洗劫一空。搞掂之後，宋江返去將御香、金鈴同衣物儀仗還返畀宿太尉，仲送咗一大筆金銀畀太尉同一班隨從。

送走宿太尉之後，史進、朱武佢哋亦都唔再留喺少華山喇，跟埋宋江一齊返去梁山泊聚義，從此梁山泊又多咗幾位好漢。

之後，宋江又領軍去到徐州芒碭山，收服咗過嚟挑戰梁山泊嘅混世魔王樊瑞、八臂哪吒項充、飛天大聖李袞，順利班師返去梁山泊。

回師途中，宋江遇到一個慕名而來嘅好漢，叫做金毛犬段景住。佢講畀宋江知：「我係涿州人士，一向喺北方以盜馬為生。今年我偷到一匹照夜玉獅子，實在係罕見嘅寶馬。呢匹馬原本係大金國王子嘅坐騎。我一向仰慕及時雨宋公明嘅義氣，所以想帶呢匹寶馬獻畀頭領。點知路過凌州曾頭市，畀曾家五虎搶咗去。我話呢匹馬係梁山泊宋公明嘅，原本諗住佢哋會還翻匹馬畀我，點知佢哋不單止唔還，仲辱罵咗我一餐添！」

宋江見呢個段景住生得儀表非凡，心中歡喜，於是安慰佢唔緊要，然後帶埋佢一齊上山。上山之後，宋江叫戴宗去曾頭市打探下情況，戴宗返嚟回報話：「呢個曾頭市，有三千幾戶人家。其中有一個曾家府勢力最大，老頭子叫做曾弄，原本係金國人。佢生咗五個仔，人稱曾家五虎。仲有一個教師史文恭，一個副教師蘇定。佢哋聚集咗幾千人馬，人強馬壯，話要同我哋梁山泊作對，嗰匹照夜玉獅子，就係畀史文恭騎緊。佢哋仲編咗首童謠係噉樣唱嘅 ——『掃蕩梁山清水泊，剿除晁蓋上東京。生擒及時雨，活捉智多星。曾家生五虎，天下盡聞名。』」

晁蓋聽到當堂火冒三丈，拍案而起就話要領軍去掃平曾頭市。宋江勸佢話：「大哥係山寨之主，唔可以輕易出動，都係等小弟去啦。」但係晁蓋就擰頭話：「賢弟你都落山好幾次了，今次無論如何我都要去喋啦。」

宋江勸咗好耐，晁蓋都唔肯聽，點起五千人馬，帶咗二十位頭領，就準備出發去曾頭市。

臨行之前，宋江、吳用佢哋喺金沙灘擺開酒宴，幫晁蓋餞行。飲到一半，忽然間颳起一陣狂風，竟然將晁蓋嘅軍旗攔腰吹斷咗。大家見到當堂面都青埋，吳用勸晁蓋話：「呢個乃係不祥之兆啊，大哥不如另外擇日再出兵啦。」

但係晁蓋一意孤行，點都唔肯聽，帶領軍隊就向曾頭市進發喇。

去到曾頭市附近，晁蓋指揮大軍紮落營寨，然後同一班頭領去觀察下地形。只見呢個曾頭市三面高岡一面臨水，確實係個險要之地。忽然間，路邊樹林衝出一路兵馬，領頭嘅正係曾家第四子曾魁。

林沖拍馬衝上去同曾魁打咗二三十個回合，曾魁見林沖厲害，回馬就走返入樹林裏面，林沖唔清楚地勢，亦都唔敢追趕。

第二日，晁蓋率領大軍喺曾頭市對開嘅平原之地擺開陣勢，嗰邊廂史文恭、蘇定同曾家五虎亦都帶領兵馬出嚟迎戰。

呢個時候，曾家陣中推咗幾部陷車出嚟，曾家大哥曾塗隨即出陣大鬧話：「你呢班反賊，我曾家府已經準備好陷車了！我要將你哋一個二個捉去東京，碎屍萬段！」

晁蓋一聽眼火都飆埋，挺槍躍馬就直取曾塗。大家見晁蓋咁英勇，怕佢受傷，亦一齊衝殺過去，林沖、呼延灼喺兩邊護住晁蓋。雙方一場大戰，曾家嘅兵馬且戰且退，一路退返去村裏面，梁山泊呢邊亦都鳴金收兵。呢一仗雙方各有損傷，未分勝負。佢哋一連幾日派兵馬去挑戰，曾頭市都係閉門不出，晁蓋就有啲悶悶不樂了。

到咗第四日，忽然間有兩個和尚嚟拜見晁蓋。佢哋自稱係曾頭市法華寺嘅僧人，對晁蓋話：「曾家五虎經常嚟寺廟勒索財物，無所不為。我哋已經搞清楚佢哋嘅門路，所以特登嚟通知頭領，帶兵過去劫寨，為民除害啊！」

晁蓋一聽就高興喇，決定親自領軍去偷襲曾頭市。林沖勸佢話：「呢兩個和尚失驚無神走過嚟，恐防有詐喔。不如等我帶一半人馬去劫寨，大哥你喺外面接應啦。」

但係晁蓋係都唔肯聽，一味信晒兩個和尚，親自點起一半人馬就去劫寨，留林沖帶另一半人馬接應。

當晚三更時分，晁蓋叫兩個和尚喺前面帶路，自己就帶住兵馬一路跟隨。佢哋經過法華寺之後，就向住曾頭市行過去。點知行得幾里路之後，竟然發現兩個和尚唔知行咗去邊，嗰度嘅道路又雜亂難行，四圍鬼影都冇隻。呼延灼見到唔對路，即刻猛叫晁蓋返轉頭。點知行唔到幾步，佢哋就聽到四周金鼓齊鳴，喊聲震天，一眼望去全部都係火把，曾家嘅伏兵從四面八方衝殺過嚟。

晁蓋呢個時候先知驚，嘷嘷臨帶住一眾頭領奪路而走。走得一陣，就遇到前面一叢亂箭當頭射過嚟，其中有一枝射中晁蓋塊面，晁蓋當堂跌咗落馬。好在得呼延灼、燕順搏命保護，噉先護住晁蓋殺出重圍。去到村口，林沖又帶兵過嚟接應，兩軍廝殺一路到天光，梁山泊一眾好漢先終於將曾家軍馬殺退咗。

返到營寨，大家將晁蓋中嘅箭搣翻出嚟，只見上面寫住「史文恭」三個字。林沖叫人攞金創藥幫晁蓋敷住個傷口，呢個時候先知嗰支箭原來係支毒箭。晁蓋中咗箭毒，而家已經連嘢都講唔出喇。一班頭領商量咗一番，覺得一時之間唔係咁容易攻破曾頭市，於是亦就退兵返去梁山泊。

返到去之後，晁蓋嘅病情越來越重，眼睇住就唔得喇。臨終之前，佢對宋江話：「賢弟你保重，日後邊個捉住射死我嘅人，就畀佢做山寨之主啦。」講完，就不治身亡了。

宋江見晁蓋過身，十分悲痛，仲傷心過死老竇，喊到暈低咁滯。喺吳用、公孫勝等人嘅勸慰之下，佢先重新振作精神，出嚟主持大局，幫晁蓋辦理後事。大家都覺得山寨不可一日無主，一致推舉宋江做山寨之主。宋江推辭咗一番之後，應承暫時坐住第一把交椅先，等日後邊個捉到史文恭，佢再退位讓賢。

粵語中嘅「老頭子」—— 粵語對於父親，除咗「老竇」之外，亦都會稱佢為「老頭子」。呢個講法其實係屬於一個比較親切嘅暱稱。有時，老夫老妻之間，妻子都會將丈夫稱為「老頭子」或「伯爺公」，噉樣叫法顯得十分親切。

而類似嘅暱稱喺粵語裏面仲有唔少，例如將母親叫作「老媽子」—— 注意粵語裏面亦將傭人稱為「老媽子」，所以喺稱呼母親嘅時候要注意語氣，否則就容易令老人家誤會了；父母將子女稱為「塞竇窿」、「化骨龍」，又或者「衰仔」、「衰女」，呢啲稱呼一般都係親切嘅講法，並非真係喺度鬧人。

軍旗 —— 呢一回講到晁蓋嘅軍旗畀風吹斷，大家都視之為不祥之兆。類似嘅情節喺文藝作品裏面頗為常見。而喺真實嘅歷史裏面，軍旗確實好緊要，如果真係畀大風吹斷，的確可能會引發大問題。

因為古代嘅軍旗有好多種作用，既有作為部隊或者主帥標識嘅，亦有作為指揮使用嘅。例如喺明朝嘅靖難之役裏面，燕王朱棣嘅軍隊面對朝廷大軍，本來已經陷於絕境，但係對方主帥李景隆嘅軍旗忽然畀大風吹斷咗，導致軍隊因為發唔出旗號、無辦法傳達命令而指揮混亂，朱棣得以反敗為勝。

另一方面，軍旗亦都係軍心所在。持旗手有所謂「旗在人在」嘅信念，只要士兵見到軍旗，就會知道自己人仍然喺度戰鬥，噉先可以有信心繼續打仗。如果連軍旗都斷咗，噉就證明成支軍隊大勢已去，剩低嘅士兵亦就好容易無心戀戰，一場敗仗就無法避免了。

聽古仔

第三十三回

吳用計賺玉麒麟

晁蓋死咗之後，宋江就提出要興兵去攻打曾頭市，為晁蓋報仇。吳用勸住佢話：「兄長，我哋山寨啱啱辦完喪事，不宜興師。等到晁頭領百日之後再出兵都唔遲。」

宋江覺得有道理，亦就聽從吳用嘅勸告，留喺山寨，每日為晁蓋做法事，打算遲啲再去攻打曾頭市。

呢一日，有位北京大名府嘅大圓禪師路過，宋江請咗佢上山為晁蓋打齋。做完法事之後，宋江同大圓禪師傾偈。禪師講起大名府有位玉麒麟盧俊義，宋江一聽就猛拍大髀話：「哎呀，我點解冇諗起呢位人物呢？玉麒麟盧俊義，盧大員外，人稱河北三絕，一身好武藝，棍棒天下無雙。如果有此人喺我哋山寨，仲怕咩官軍攻打，何愁曾頭市不破呢？」

吳用聽咗就笑住話：「兄長想要佢上山，好容易㗎嘛。只要我略施小計，就必定請到佢上山。」

宋江好高興，猛咁讚吳用「智多星」嘅花名真係名不虛傳，問吳用有咩好辦法。吳用就話：「我親自去行一趟，憑三寸不爛之舌，必定可以請到盧員外上山。而家就係差咗一個膽大心細嘅人陪我一齊去。」

旁邊李逵聽到，馬上跳出嚟自告奮勇話要跟吳用去。吳用諗咗下就話：「你要跟我去都得，不過第一唔准飲酒，第二要扮成個道童，第三你要扮啞仔唔准講嘢。」

本來要李逵忍住唔講嘢實在係唔容易，不過佢為咗要跟吳用落山，仲係拍晒心口應承，仲話到時含住枚銅錢喺口裏面，噉就唔會講嘢喇。

於是，吳用帶住李逵離開梁山泊，向住北京大名府進發。幾日之後，佢哋就去到北京大名府。入城之後，吳用扮成個幫人睇相算命嘅道人，手裏面搖住個鈴鐺，喺城裏面一路行一路大大聲唱到：「甘羅發早子牙遲，彭祖顏回壽不齊。范丹貧窮石崇富，八字生來各有時。若要問前程，先請銀一兩。」

大名府嘅細路聽佢話算命要一兩銀咁貴，個個都覺得過癮，跟住喺吳用後面吵喧巴閉，行下行下就行到盧俊義嘅府第外面。

盧俊義呢個時候正喺前廳，聽到門外喧鬧，就叫人出去睇下咩回事。個家人返嚟回報話：「外面有個算命先生，話占卦算命一兩銀一次，咁貴邊有人幫襯㗎？淨係得班細路喺度睇熱鬧嗻。」

盧俊義聽咗就話：「呢個人收得咁貴，必定有料到，幫我請佢入嚟。」

吳用入到去，只見盧俊義生得身高九尺，儀表堂堂，雙目炯炯，威風凜凜，心裏面都暗暗讚歎。行過禮之後，吳用就話：「小生姓張，名用，自號談天口，能算皇極先天之數，知人生死貴賤。」

盧俊義聽佢講到咁勁，就叫人攞一兩白銀畀佢，請佢幫自己算一算。

吳用裝模作樣噉推算咗一輪，詐帝大驚失色話：「哎呀，員外，恐防百日之內你會有血光之災，身家性命都不保啊！」

盧俊義畀佢嚇咗一跳，急忙問佢點辦好？吳用答話：「如果想避過此劫，除非去東南方一千里外嘅地方，先可以免除大難啊！」

最後，吳用又喺門後牆上寫咗四句卦語送畀盧俊義：「蘆花叢裏一扁舟，俊傑俄從此地游。義士若能知此理，反躬逃難可無憂。」

搞掂之後，吳用就帶住李逵告辭離開，執齊行李返去梁山泊，做好準備等盧俊義過嚟喇。

盧俊義聽咗吳用嘅說話，越諗越覺得心煩氣悶，坐立不安。第二日，佢將管家李固、親隨燕青搵咗過嚟。呢個燕青自細父母雙亡，喺盧俊義府中養大。盧俊義見佢皮膚白皙，就幫佢刺咗一身花繡（即係刺青）。佢生得青靚白淨，風流俊俏無人可及。而且佢不單止係外表有型，仲要連吹拉彈唱、市井之道都無一不曉，一手弩箭更加係百發百中，人稱「浪子燕青」。

盧俊義將李固同燕青搵過嚟，對佢哋講：「我尋日算咗一卦，卦象話我百日之內有血光之災，要去東南一千里之外避劫。我想去泰安州東嶽泰山嘅天齊仁聖帝金殿燒香拜祭，順便做啲買賣。你哋幫我搵十台大車，我運一批山東嘅貨物過去賣。」

李固同燕青聽咗，都勸盧俊義唔好去，話算命先生嘅話未必靠得住。燕青又話：「泰安州嗰邊有個梁山泊，聽講最近有一班以宋江為首嘅賊人，喺嗰度打家劫舍，官兵都怕晒佢哋。主人你去燒香，正要經過梁山泊，恐防會引嚟賊人呔。」

盧俊義大笑話：「梁山泊嗰班賊人，我當佢哋冇到喇。佢哋敢嚟惹我，我仲可以乘機將佢哋捉晒去京城添啊！」

於是，盧俊義留低燕青睇實屋企，自己帶上李固，護送住車輛同貨物就出發去泰安州喇。

一路之上曉行夜宿，幾日之後盧俊義一行人就嚟到梁山泊附近。佢哋喺客棧休息完畢，第二日一早正準備出發嘅時候，店小二對盧俊義話：「呢度再往前行二十里，就係梁山泊嘅地頭啦。山上嘅宋公明大王一般唔會傷害過路客商嘅，不過大官人你最好低調啲，靜靜雞過去就係啦。」

盧俊義聽咗，即時唔忿氣，搵咗幾面白旗，上面寫上四行字：「慷慨北京盧俊義，遠馱貨物離鄉地。一心只要捉強人，那時方表男兒志。」

大家一睇都嚇咗一跳，勸盧俊義唔好咁高調，好容易惹嚟梁山泊嘅注意。但係盧俊義仗住自己武藝高強，係都唔肯聽，護送住車輛就上路。其他人都冇辦法，惟有跟住行就係啦。

果不其然，當佢哋行到一個樹林邊嘅時候，只聽到一聲哨響，就見路邊衝出幾百個小嘍囉，帶頭嘅好漢手執雙斧，滿面鬍鬚，正係黑旋風李逵。

李逵一見到盧俊義，就大叫話：「盧員外，仲認唔認得我啊？」

盧俊義認真一睇，原來呢個大漢就係當日跟住個算命先生嘅啞道童！佢即時醒悟，明白自己畀人呃咗。氣憤之下，搦起朴刀就向李逵殺過去。李逵舞起雙斧，同盧俊義打得幾個回合，就擰轉身走入樹林裏面。盧俊義點肯放過佢，梗係跟住追啦。點知入到樹林之後，打得一陣間就走個魯智深出嚟，隔多一陣又走個武松出嚟。最後變成一大班頭領輪番上陣，車輪大戰盧俊義。

打得一輪，忽然間一聲鑼響，梁山泊嘅頭領竟然全部走清光。盧俊義走返轉頭一睇，自己嘅大車、隨從全部都唔見晒。

盧俊義正喺度激氣，朱仝、雷橫行出嚟，好好態度噉將盧俊義引到一個山坡之下，只見宋江、吳用、公孫勝等人早就喺度等緊佢。吳用對盧俊義話：「員外唔好嬲。我哋大哥宋公明久聞員外大名，想請員外上山，一齊替天行道，所以先派我去貴府拜訪。」

盧俊義正想發火，點知畀花榮一箭射中佢頭上氈帽嘅紅纓，跟住秦明、林沖、呼延灼、徐寧等人帶領兵馬就四面八方圍過嚟，嚇到盧俊義走都走唔切。

慌不擇路之下，盧俊義一路走到去水邊。眼見煙水茫茫，都唔知仲可以走得去邊。佢正喺度發愁，就見到水邊蘆葦叢中有條艇仔撐緊過嚟。盧俊義啤啤臨叫住個梢公，請佢搭自己離開梁山泊。結果開船之後冇耐，就遇到阮氏三雄追到埋嚟。

盧俊義又想叫個梢公快啲靠岸畀佢從陸地逃走，估唔到個梢公哈哈一笑話：「盧員外，我就係混江龍李俊，你而家仲唔投降，更待何時啊？」

盧俊義雖然上咗賊船，但仲係想反抗，要同李俊搏命。不過李俊根本唔畀機會佢嘟手，一個筋斗就跳咗落水，跟住同張順一齊將條船掔到反咗艇，盧俊義當堂跌咗落河。

盧俊義雖然武藝高強，但佢係北方人，唔識游水，落到水裏面真係毫無辦法，一下子就畀張順同李俊捉住，綁起身送上去山寨喇。

粵語知多啲

巴閉 ——「巴閉」係粵語一個特色俗語，據講源自於唐代時嚟中國做生意嘅外國商人。

喺唐代嘅時候，廣州已經係一個商貿相當發達嘅城市，有好多外國客商過嚟做生意。而呢個「巴閉」，據講係當時一啲印度客商嘅口頭禪，佢哋遇到事情嘅時候經常會大叫「Bapre！」呢個詞係「天啊」嘅意思。當地人見佢哋聲音大、神態誇張，於是就將呢個詞音譯過嚟，變成「巴閉」，用嚟形容某個人或某件事厲害、了不起、程度高。不過呢個詞喺使用中，好多時都帶有一啲諷刺意味，例如：「佢今次就巴閉啦」就有暗指呢個人太過張揚嘅意思。

呢一回中嘅北京，同今日嘅北京，係咪同一個地方？

——《水滸傳》裏面梁中書所在嘅北京大名府，係宋朝一個重要嘅城市，不過同而家嘅北京並唔係同一個地方啵！

喺宋朝嘅時候，實行四京制度，分別係東京汴梁開封府（即今日河南省開封市）、西京河南府（即今日河南省洛陽市）、北京大名府（即今日河北省邯鄲市）、南京應天府（即今日河南省商丘市）。四京之中，以東京汴梁為都城，係全國嘅政治同經濟中心。而北京大名府，則係而家嘅河北邯鄲市大名縣。喺宋仁宗時期，大名府被建為陪都 —— 北京，以方便對抗遼國。至於今時今日我哋中國嘅首都北京，當時屬於遼國，被稱為燕京、南京或者幽州城。

玉麒麟 盧俊義

第三十四回

盧俊義蒙冤受難

話說盧俊義被捉到上山寨，宋江同樣都係對佢十分客氣，話要畀佢做山寨之主，坐第一把交椅。盧俊義推辭話：「小人誤犯英雄虎威，真係十分慚愧。但係我身為大宋人，點可以落草為寇呢？各位嘅盛情盧某人十分感激，但係呢把交椅就點都唔坐得㗎啦。」

宋江見盧俊義唔肯入夥，亦都唔勉強，只係留佢喺山寨住多幾日先走。盧俊義一味推辭，話怕屋企人擔心，吳用擺擺手講：「噉好容易啫，我哋畀李固將車輛行李先帶返去咪得咯。」

盧俊義見實在推託唔過了，都惟有叫李固先返去屋企報訊。李固臨走嘅時候，吳用專程跟埋落山，對李固話：「盧員外同我哋商量好，上山入夥坐第二把交椅。我當日喺盧家提咗首詩，每一句嘅第一個字連起身，就係盧俊義反四個字。你哋快啲走，唔使等你主人返去喇。」

送走咗李固，梁山泊嘅一眾頭領就輪流嚟勸盧俊義住多一段日子。盧俊義畀大家左拖右請，卒之住咗成一個幾月，噉先告辭返去大名府。

返到大名府，都仲未入城，盧俊義就撞到燕青。只見燕青爛身爛勢，憔悴不堪，一見到盧俊義就跪低行禮。盧俊義問佢點解搞到咁兜踎，燕青答話：「李固返到嚟，同夫人話主人你上咗梁山泊落草，去官府告你狀啊。而家夫人都跟咗李固了，仲將我趕埋出城添。主人你唔好入城啦，都係返去梁山泊罷啦。」

盧俊義點都唔肯信，撇低燕青就入城返屋企。點知返到去啱啱坐低，幾十個官差就衝到入嚟，將佢捉咗返衙門。

公堂之上，梁中書指責盧俊義投靠梁山泊盜賊，而李固同盧俊義嘅夫人賈氏亦都一齊作證，仲攞出吳用留低嘅藏頭反詩。盧俊義有冤無路訴，最後畀人屈打成招，轆入大牢等候發落。

負責管理監獄嘅係兩兄弟，一個叫做鐵臂膊蔡福，一個叫做一枝花蔡慶。蔡福接收咗犯人之後就走出去散步，行行下忽然畀人叫住請上茶樓。佢一睇，原來係李固。李固話肯出一百兩黃金，請蔡福諗辦法殺咗盧俊義。蔡福就笑啦：「北京堂堂一個盧員外，點止值一百兩？五百兩就差唔多。」

李固一心要殺盧俊義，咬咬牙，一口應承咗。兩個人好快就講掂數，約定用五百兩黃金攞盧俊義條命。分手之後，蔡福返到屋企，就有人過嚟拜訪。蔡福見呢個人儀表非凡，一問先知原來係小旋風柴進。柴進就疏爽好多，一出手就係一千兩黃金，請蔡福幫忙關照盧俊義。

蔡福食咗兩家茶禮，不免心大心細，唔知點算好，於是走去同細佬蔡慶商量。蔡慶建議話只要使錢打通關節，保住盧俊義條命，其他事情就等梁山泊嘅人自己搞掂啦。

蔡福覺得呢個辦法好，於是返去衙門上下疏通，最後梁中書判咗盧俊義個杖責四十，發配沙門島就了事。點知好衰唔衰，今次押送盧俊義去充軍嘅，又係之前押送林沖嗰兩個官差董超、薛霸。佢兩個收咗李固嘅錢，又再故技重施，用滾水淥伤盧俊義對腳，然後又搵個樹林要殺咗盧俊義。呢一下盧俊義真係英雄無路了，佢諗起自己一世英雄，竟然落得噉嘅下場，忍唔住淚流滿面。

關鍵時刻，忽然樹上一支飛箭射出，射正薛霸心口，當堂攞咗佢命。董超抬起頭一睇，只見樹上坐住個人，手上攞住一把弓弩。跟住又係一箭射過嚟，攞埋董超条命仔。

樹上呢個人正係燕青。原來佢一路都暗中保護盧俊義，呢個時候見主人有危險，於是出手相救，殺咗兩個官差。之後，燕青扶住盧俊義，想去投奔梁山泊。但係無奈盧俊義身上腳上都有傷，走唔遠，好快就畀大隊官差捉翻返去。

而燕青自己好彩走得甩身，決定去梁山泊搬救兵。喺路上，燕青剛好遇到楊雄同石秀要嚟打探盧俊義嘅消息。三個人商量咗一番，決定由楊雄陪燕青上梁山求救，石秀就去北京大名府打探消息。

石秀去到大名府，就聽聞盧俊義要被公開斬首。石秀知道宋江緊張盧俊義，嗱嗱聲趕到去法場。一去到，就見到劊子手準備郁手開斬喇。石秀唔理咁多，即刻拔出腰刀，大叫話：「梁山泊好漢嚟晒啦！」

講完，石秀從樓上跳落嚟見人就斬，殺出一條血路，拉住盧俊義搏命要衝出法場。

梁中書聽講梁山泊有人嚟劫法場，嚇到大驚失色，即刻下令緊閉城門，捉拿盧俊義同石秀。最後石秀同盧俊義兩個寡不敵眾，仲係畀官差捉住，押返去監牢嚴加看管。好在監牢裏面嘅話事人係蔡福。佢係個食兩家茶禮嘅人，又有心結識梁山泊嘅好漢，所以都無點為難石秀同盧俊義，反而每日都有好酒好菜畀佢哋，兩個人喺監牢裏面反而仲將身體養好咗添！

嗰邊廂，梁山泊嘅戴宗打探到盧俊義同石秀失陷嘅消息後，都嚟唔切同宋江佢哋商量了，自把自為就去到大名府城內發放傳單，上面講：「如今大宋貪官當道，迫害良民。今請北京盧俊義上山替天行道，特派石秀前來報知，不期被擒。着大名府保存二人性命，獻出姦夫淫婦，否則梁山泊大兵到處，玉石俱焚！」

梁中書見到呢份文書，嚇到手揗腳震。佢左思右想咗一輪，決定都係一邊叫人好好照顧盧俊義同石秀，一邊又同時派人送奏章畀朝廷，請朝廷派兵救援。

之後，梁中書將兵馬都監大刀聞達、天王李成搵過嚟商量對策。李成拍晒心口話：「梁山泊啲草寇，如果敢擅自離開巢穴，小將必定要佢哋有命過嚟，冇命返去！」

梁中書見李成咁有信心，個心先至定返啲。

李成返到軍營，對急先鋒索超話：「宋江遲早要嚟攻打我哋北京，你帶領本部人馬，去離城三十五里處一個叫做飞虎峪嘅地方紮營，我隨後就到。」索超領咗軍令，就領軍出發喇。而李成自己，第二日亦領軍去到離城二十五里，一個叫做槐樹坡嘅地方在紮落營寨，做好準備，只等梁山泊好漢過嚟了。

呢個時候，戴宗返到梁山泊，向宋江彙報咗自己嘅行動。宋江聽完大吃一驚當堂緊張起身，問吳用點算好。吳用話：「兄長你放心，我哋乾脆一不做二不休，就趁呢個機會去攞北京嘅錢糧！聽日係吉日，我哋可以留一半頭領守寨，其他人跟兄長去攻打北京城。」

宋江一心要去救盧俊義，聽見吳用噉講，就決定以李逵為先鋒，帶上山寨一半嘅頭領，浩浩蕩蕩向北京大名府進發。

去到北京附近，李逵率領嘅前鋒部隊首先就遇到大名府嘅部隊。李成同索超見到李逵外表古怪，又冇騎馬，都笑起上嚟，即刻指揮馬軍衝殺過去，打到李逵手忙腳亂，啲嘍囉四圍咁走。不過梁山泊呢邊勝在頭領眾多，先有解珍解寶、孔明孔亮過嚟支援，後面一丈青扈三娘同顧大嫂、孫二娘亦都領軍殺到，幾路人馬一齊夾擊，結果反而打到李成同索超大敗。佢兩個被打到無鞋挽屐走，惟有跑翻返去通報畀梁中書知，請佢再發兵馬嚟支援喇。

梁中書連夜派聞達率領本部人馬過去幫手。聞達去到槐樹坡之後，叫眾將士好好休息，第二日就擺開陣勢，同梁山泊嘅兵馬正面對陣。

兩軍相對之下，宋江呢邊率先衝出一員大將。只見佢一身火紅戰袍，手執一條狼牙棒，正係霹靂火秦明。而大名府呢邊索超就手持大斧出嚟迎戰。佢哋兩個一個係急先鋒，一個係霹靂火，都係脾氣暴躁心急如火嘅人，打起上嚟乒乒乓乓十分激烈，打咗二十幾個回合，但卻分唔出勝負。

梁山泊呢邊，韓滔見佢兩個打咁耐都未分高低，於是拍馬而出，彎弓搭箭一箭就向索超射過去。

索超同秦明正係打得激烈，點估得到忽然有冷箭射過嚟？佢畀韓滔一箭射中手臂，惟有撥轉馬頭走返自己陣中。宋江見打退咗索超，知道事不宜遲，即時一揮手上馬鞭，指揮大軍就衝殺過去，打到官軍丟盔棄甲，屍橫遍野，血流成河。聞達帶住殘兵敗卒一路退到飛虎峪，噉先夠膽停低腳步。佢一點人數，先知道自己呢邊嘅人馬已經損失咗三分之一。

宋江打咗場大勝仗，正準備休息一下，吳用反而建議話：「敵軍敗走，士氣必定低落，正係我軍乘勝追擊嘅好時機啵。如果等佢哋回過氣，到時就難打㗎啦。」

宋江一聽有道理，當機立斷，馬上就傳令將大軍分為四路，漏夜去攻打飛虎峪。聞達呢個時候正喺度商議退敵之策，忽然接到報告話梁山泊大軍又殺到，嚇到佢馬上帶兵突圍而去，真係忙忙似喪家之犬，急急如漏網之魚，雞噉腳就走返入北京城，緊閉城門，打死都唔敢再出嚟啦。

兜踎 —— 粵語裏面形容境遇不佳，有幾個常用嘅俗語，例如「折墮」、「屈質」、「慘情」等等，而「兜踎」係其中比較直白嘅一個。

所謂「兜踎」，就係描述人揸住個兜、踎喺路邊嘅情形。因為通常只有乞兒先會噉樣揸住個兜、踎喺路邊乞討，顯然就係搵唔到食或者自己無能力維持生活啦，所以廣府人就用「兜踎」嚟形容人境況不佳嘅樣子喇。

「食兩家茶禮中」嘅「茶禮」，是指乜嘢風俗習慣？

—— 喺廣府人嘅習俗中，茶禮一般係指聘禮。以前男子託媒人去女方屋企送聘禮嘅時候，聘禮裏面必須要有茶葉，所以又叫做「茶禮」。

除咗男女結婚嘅聘禮之外，其他嘅聘請例如聘請教師等等，主人家送嘅禮物亦都被稱為茶禮。喺粵語口語裏面，茶禮有時亦會被指私底下收取嘅好處。如果話一個人「食兩家茶禮」，就係話呢個人向對立嘅雙方都收取好處，噉樣處事就好容易出問題。用呢句俗語，往往係指一個人投機取巧，為咗貪婪想搵多啲着數而想好處佔盡，但噉樣注定辦事結果雙方都唔會滿意。

浪子 燕青

第三十五回

呼延詐降擒關勝

宋江打敗咗聞達、李成、索超佢哋率領嘅官軍，就指揮部隊圍住北京城猛攻。城裏面嘅梁中書唔敢再派軍隊出嚟迎戰，只能夠一邊堅守城池，一邊派人去東京求助。

信使去到東京，將梁中書嘅書信遞交畀太師蔡京。蔡京睇咗大吃一驚，馬上召集樞密使童貫同三衙太尉一齊過嚟商議對策。大家聽講梁山泊兵強馬壯，北京城岌岌可危，都面青青唔敢出聲。惟獨衙門防禦使，綽號醜郡馬嘅宣贊行出嚟話：「末將有個好朋友，係漢末武聖關雲長嘅嫡系子孫，姓關名勝，生得同佢先祖一模一樣，使一口青龍偃月刀，有萬夫不當之勇，而且熟讀兵書，人稱大刀關勝。佢而家係蒲東巡檢，如果請佢過嚟領軍，梁山泊嘅草寇必定指日可破。」

蔡京一聽十分高興，馬上叫宣贊親自去請關勝出馬。見面之後，關勝聽講宣贊力薦自己，十分歡喜，又向宣贊推薦自己嘅結拜兄弟，井木犴郝思文。見多咗個幫手，宣贊梗係求之不得啦，於是佢就帶住關勝同郝思文一齊去京師，拜見蔡京。

蔡京見關勝生得威風凜凜，面如重棗，丹鳳眼臥蠶眉，真係成個關公嘅樣，十分欣賞，問佢有咩破敵之法。

關勝話：「如果我哋去救北京，只會浪費氣力，倒不如直取梁山，搞掂佢哋嘅大本營，然後再去收拾其餘賊寇。」

蔡京一聽大叫好計，於是調集兵馬，以郝思文為先鋒，宣贊為後援，關勝為領兵指揮使，浩浩蕩蕩向梁山泊殺過去。

嗰邊廂宋江喺北京城外連日攻城，但係北京城城池堅固，守軍眾多，梁山兵馬始終都係「老鼠拉龜」，冇咩辦法。呢一晚，宋江悶悶哋攞本玄女天書出嚟睇，睇睇下忽然間諗起，自己圍困北京城咁耐，都冇見京城派援軍嚟救援，似乎有啲唔對路，於是馬上搵吳用過嚟商量。

吳用話：「我哋圍城咁耐，梁中書一定派人去求援。京城如果有良將，可能會用圍魏救趙之計，去攻打梁山大寨唿！」

宋江一聽馬上醒悟，正準備叫部隊退兵，忽然接到戴宗過嚟報訊話：「朝廷派蒲東郡大刀關勝率領大軍直取梁山泊而嚟，山寨上面嘅頭領請兄長儘快回兵，解救山寨！」

宋江知道唔可以再拖，於是聽吳用嘅安排，留低花榮同林沖率領兩路伏兵殿後，自己就帶住大部隊趕返去梁山泊喇。結果北京城嘅李成、聞達果然帶兵出嚟追擊，再次畀梁山泊留低嘅兩路伏兵打到大敗而回。

宋江打退咗追兵，就日夜兼程趕返去梁山泊。結果返到山寨附近，畀醜郡馬宣贊領軍攔住去路，惟有一邊安營紮寨，另一邊派人運小路上山通報，約山寨嘅兵馬一齊接應。

梁山水寨裏面嘅頭領船火兒張橫接到消息，就同細佬張順話：「我哋守住個水寨，一啲功勞都冇。而家嗰個咩大刀關勝過嚟打我哋山寨，不如我同你去劫咗佢嘅營寨，將關勝捉返嚟，都好喺大家面前威翻次啊！」

張順就勸佢話：「我哋兄弟淨係管水軍，唔應該輕舉妄動㗎啵。」但係張橫立功心切，係都唔肯聽。當晚佢帶住幾百名兵丁，幾十條船仔，偷偷哋去到蘆葦蕩裏面埋伏，準備等到夜深時分就去劫營。

關勝呢個時候正喺中軍帳睇書，接到探馬報告話梁山泊有班人鬼鬼祟祟匿喺蘆葦蕩裏面，知道佢哋一定係要嚟劫營，於是預先做好安排。

張橫等到半夜，帶上兵丁去到關勝嘅營寨，見到中軍帳裏面燈火通明，仲隱約見到關勝喺度睇書。張橫打個招呼，一班士兵就一齊衝入中軍帳。點知忽然旁邊一聲鑼響，跟住大隊人馬齊聲大喝，啲聲就好似山崩地裂一樣。張橫知道中計，正想調頭走人，無奈四面八方嘅伏兵一齊衝出嚟，好快將佢同一班手下全部捉住晒。

梁山水寨嗰邊聽講張橫失陷，阮氏三雄唔忿氣，都未諗好就點起人馬同船隻，去攻打關勝嘅營寨。但關勝早有準備，等佢哋衝到入大營，先至安排幾路兵馬一齊圍攻，打到梁山泊嘅水軍四散而逃，連阮小七都失手被擒。

關勝捉住咗張橫同阮小七，就叫人將佢兩個韞入囚車，等打敗梁山泊之後一齊運送回京。

宋江聽講兩位水軍頭領失手，梗係緊張啦，吳用安慰佢話：「而家緊張都冇用，聽日決戰一場，睇下咩環境再講啦。」

到咗第二日，兩邊兵馬盡出，排開陣勢。醜郡馬宣贊手舞大刀首先出陣，梁山泊呢邊花榮亦都挺槍躍馬，同宣贊打起上嚟。

兩個人打咗十幾個回合，花榮賣個破綻，回馬就走。宣贊梗係拍馬追上嚟啦。只見花榮擰轉身彎弓搭箭一箭就射過去，宣贊聽到弓弦響，舉刀一擋，支箭射咗喺刀面上。轉眼間，花榮第二箭又射過嚟，宣贊使一個鐙裏藏身，又避過呢一箭。不過佢見花榮箭法厲害，唔敢再追，調轉馬頭就走，結果畀花榮追住又射一箭，噹一聲射中宣贊背後嘅護心鏡，嚇到佢走都走唔切，跑返入自己陣中。

關勝見宣贊未能取勝，就提起青龍偃月刀，騎上赤兔馬，拍馬嚟到陣前親自應戰。宋江見關勝威風凜凜，儀表非凡，忍唔住稱讚話：「將軍英雄，真係名不虛傳啊！」

林沖聽咗唔忿氣，正要拍馬出陣，宋江搶先去到陣前，對關勝行咗個禮話：「將軍明鑒，實在係因為朝廷不明，縱容奸臣當道，殘害百姓，宋江同一眾頭領先至替天行道嘅啫，其實我哋並無異心㗎。」

呢番說話，關勝邊度會信？佢大鬧宋江：「你個反賊巧言令色，仲夠膽喺度呃我？如果你仲唔落馬投降，我一定要你粉身碎骨！」霹靂火秦明一聽就火滾，揮舞狼牙棒直取關勝。林沖喺旁邊見到，亦都一齊衝埋出嚟。關勝不慌不忙，舞起大刀就同秦明、林沖打起上嚟。一時之間三個人打到天昏地暗，三匹馬好似走馬燈噉轉，睇到人眼都花埋。

宋江實在係愛惜關勝，怕秦明同林沖傷咗佢，於是鳴金收兵，將兩位頭領叫咗返嚟，暫且退兵。

關勝返到營寨，心諗：「我一個打兩個，都有啲頂唔住了，點解個宋江會鳴金收兵呢？」佢叫人將張橫、阮小七帶出嚟，問佢哋：「宋江只不過係個小小嘅縣城官吏，點解你哋個個都服佢？」阮小七答話：「我哋呢位宋頭領不知幾有義氣啊，江湖上人人都稱呼佢做『及時雨』，你呢種不知禮義嘅人又點會明白！」聽到關勝鬼咁鬱悶。到咗夜晚，關勝正喺度揗頭，忽然間接到小校嚟報：「出邊有個鬍鬚將軍，單鞭匹馬，話要見元帥你啊。」

關勝叫人放佢入嚟，原來係呼延灼。呼延灼對關勝話：「小將原本係朝廷命官，統領連環馬攻打梁山泊，點知中咗賊人奸計，被迫落草，今日知道將軍嚟到，實在歡喜。宋江呢個人有心歸順，只係山寨裏面嘅盜賊眾多，唔方便投誠。我聽晚可以帶將軍去劫營，捉咗林沖佢哋幾個，到時宋江帶兵歸順，噉我就可以同將軍一齊返去京城啦。」

關勝一聽有內應，梗係高興啦，請呼延灼一齊飲酒，約定第二日一齊出陣。

到咗第二日，呼延灼提鞭出陣，大鬧宋江，然後又將震三山黃信打到跌咗落馬。關勝見呼延灼旗開得勝，馬上指揮軍隊跟住衝殺過去，打到梁山兵馬節節敗退。

到咗夜晚，關勝叫宣贊、郝思文分頭接應，自己帶上五百馬軍跟住呼延灼，趁住夜色就去偷襲梁山泊嘅營寨。

去到營寨附近，見到有幾十個嘍囉過嚟，話係宋江派嚟接應嘅。關勝不疑有他，繼續跟住呼延灼一路行。佢哋行過咗個山坳，就見前面遠處有一盞紅燈。呼延灼話：「嗰度就係宋江中軍所在啦。」

關勝取勝心切，聽到呼延灼噉講，即時指揮兵馬就對住紅燈衝過去。點知衝到埋去，發現人都見唔到個，連呼延灼都唔見埋。關勝知道自己中計，正想走人，只聽一陣鑼鼓聲響，從四面八方衝出無數伏兵，將關勝嘅兵馬殺到亂晒。關勝走得幾步，就畀一班撓鈎手圍住，一齊將佢拖咗落馬，綁起身捉返去大營喇。

至於宣贊同郝思文兩路兵馬，亦都畀林沖、花榮、扈三娘、秦明佢哋輪番上陣，打到手忙腳亂，兩個都失手被擒，同關勝一齊被押上山寨見宋江。

老鼠拉龜 —— 粵語裏面形容人毫無辦法、無處落手，有個俗語叫做「老鼠拉龜」。呢個俗語講嘅係老鼠想將烏龜拉返去自己嘅地方，但係烏龜將頭同手腳都縮晒入龜殼裏面，老鼠要拉都冇地方着手，係一個非常形象嘅講法。例如文藝作品裏面講到古代軍隊攻打城池，往往就會用到「老鼠拉龜」呢個詞，形容啲守軍借助堅固嘅城池同軍事防衛設施縮喺城池裏面，攻擊方無處落手，久攻不下無計可施嘅情形。

歷史文化知多啲

樞密使同太師，邊個嘅官大一啲？——樞密使係宋朝軍事最高管理機構樞密院嘅領導人，可以理解為佢係宋朝嘅最高軍事長官。喺宋代，朝廷為咗防備武將造反，實行兵將分離嘅制度，將領平時唔能夠長期統領軍隊，軍事命令一律由樞密院發出。所以樞密院嘅權力好大，同中書門下合稱為「二府」，係當時朝廷中級別最高嘅權力機關。樞密使一般由文官擔任。宋仁宗朝嘅時候，名將狄青曾擔任樞密使，就受到好多人反對。而喺宋徽宗朝，因為任用宦官童貫為樞密使，大家仲將童貫稱為「媼相」。

而太師，最初喺秦朝嘅時候係輔助國君嘅官員，到咗晉朝之後，就已經變成加喺大官身上嘅虛銜，無實際職權了。兩者比較之下，梗係樞密使比太師嘅職權更大啦！

聽古仔

大刀 關勝

第三十六回 計破北京大名府

宋江靠呼延灼詐降之計，將關勝引咗入陷阱，一戰就將關勝、郝思文同宣贊全部捉晒。然後梁山兵馬攻破官軍營寨，將張橫、阮小七都救翻出嚟，就押住三個俘虜返上山寨。

上到山寨之後，宋江親自為關勝佢哋鬆綁，並且請關勝坐上頭把交椅，對關勝行禮話：「我哋呢班亡命之徒，冒犯咗將軍虎威，請將軍贖罪。」

關勝畀佢搞到手足無措，馬上還禮話：「我哋兵敗被俘，但求一死，寨主做乜咁客氣呢？」

宋江話：「如今朝廷奸臣當道，將軍如果唔嫌棄嘅，可以同我哋一齊替天行道，如果唔肯，我亦唔會勉強，馬上就送將軍回京。」

關勝對郝思文同宣贊話：「我聽講宋公明義氣干雲，果然名不虛傳。我哋打咗敗仗，都冇面目返去東京喋喇，不如就留低喺梁山泊啦。」

郝思文同宣贊齊聲答話：「聽將軍號令。」

就係噉，關勝佢哋三個決定聚義入夥，為梁山泊效力。

宋江得咗三員猛將，更加信心十足，馬上又出兵去攻打北京城。喺北京城裏面，梁中書聽講朝廷兵馬攻打梁山泊不成，關勝佢哋反而仲歸順咗對方，而家宋江又要嚟打自己，真係嚇到手都震埋。索超就話：「末將之前中咗冷箭，今次一定要報翻一箭之仇。」於是佢率領本部人馬出城迎戰，李成、聞達亦都領軍喺後面支援。

今次進攻北京城，梁山泊搵關勝做先鋒。佢親自出馬，同索超大戰起身。李成眼見索超打唔過，舞起雙刀就上嚟助陣，呢邊郝思文同宣贊亦都衝上嚟幫手，五個人五匹馬一時之間打到煙塵滾滾。宋江見到，馬鞭一指，大軍即時衝殺過去，打到官軍大敗，連夜退返入北京城喇。

第二日，索超坐唔住，又帶一支兵馬出城挑戰。吳用有心降服索超，於是叫部隊打得一陣就暫且後退。索超總算贏翻一次，高高興興就返入城內。呢個時候係冬天，佢哋開戰嘅前幾日天上已經係彤雲密佈、北風呼呼了，到咗呢一日終於落起雪嚟，好快大雪就鋪滿地面。吳用即刻諗到個辦法，佢叫士兵去北京城外嘅山路挖咗啲陷坑，然後用泥土揿住，夜晚一場大雪之後，就完全睇唔出嚟喇。

到咗日頭，索超見城外梁山泊嘅兵馬鬆鬆散散，又再領軍出嚟挑戰，呢一次佢打到梁山兵馬四散而逃。李俊截住索超打咗一陣，就向住個陷坑走過去。行到差唔多嘅地方，李俊一邊大叫「宋公明哥哥快啲走！」一邊就跳咗落跳山澗度。

索超諗住自己已經打贏咗大半了，一心想立個大功，完全不疑有詐。呢個時候忽然聽講話宋江喺前面，佢梗係要搏命追過去啦，結果「轟隆」一聲連人帶馬跌咗落個陷坑度，畀埋伏嘅兵丁捉咗起身。

宋江捉到索超之後，又係親自鬆綁，又係置酒招待，仲係好似對待其他好漢一樣，勸索超跟隨梁山泊一齊替天行道。索超見咁多朝廷將領兵馬都歸順咗梁山泊，於是亦就同意入夥。

宋江得咗索超，本來形勢大好。點知佢哋連續幾日攻城，始終仲係不得要領，冇辦法將北京城打落嚟。呢一晚，宋江忽然將發咗個夢，夢見晁蓋對佢話：「兄弟，你呢個時候仲唔返去，更待何時啊？你有百日血光之災，只有江南地靈星可以救你，你快啲返去啦。」

宋江一下被嚇醒，跟住第二日就一病不起，背脊忽然間又紅又腫又痛，唔知得咗咩病。張順就建議話：「我娘親以前得咗背疾，都係搵建康府嘅安道全嚟睇，佢真係神醫，可以藥到病除㗎。」

於是，宋江馬上派張順去建康府請安道全，自己就同吳用一齊領軍返去梁山泊喇。

張順去到建康府，好順利就搵到安道全。不過安道全同個煙花女子李巧奴正係打得火熱，唔肯去梁山泊。張順狼死上嚟，漏夜將李巧兒一屋人都殺個清光，然後用鮮血喺牆上面寫上：「殺人者，安道全也。」

噉樣一嚟，安道全喺建康府再都踎唔落去，惟有跟住張順上梁山泊，幫宋江醫病係啦。

呢個安道全確實係醫術高明，幾帖藥外敷內服，好快就醫翻好宋江嘅病。宋江見自己身體好咗啲，又心急想要去攻打北京城救盧俊義同石秀。吳用就話：「我已經打探過消息，東京蔡太師聽講關勝降咗我哋梁山，唔敢再叫天子出兵，一味主張招安，所以寫信畀梁中書，叫佢唔好傷咗盧俊義同石秀嘅性命。兄長唔使心急，等到元宵節，北京慣例要張燈結綵，到時我哋派人混入城裏面，裏應外合，一定可以攻破北京城。」

宋江一聽十分高興，請吳用儘快安排。於是吳用派鼓上蚤時遷混入北京，去最高嘅翠雲樓放火，其他各路頭領分別扮成各式人等，趁住元宵節諗辦法混入北京城內。

等差唔多到元宵節嘅時候，喺北京城裏面，梁中書就同一班手下商量：「我哋每年慣例都要張燈結綵，慶祝元宵。不過最近梁山泊嘅賊人經常過嚟騷擾，你哋話仲搞唔搞好呢？」

聞達建議話：「如果唔搞，百姓仲以為我哋怕咗啲賊人。到時我帶一隊人馬去飛虎峪防備，李成率領騎兵巡城守衛，噉就唔使怕啦。」

梁中書聽咗覺得有道理，於是決定照例舉辦元宵燈會。

北京大名府係河北大郡，地處要衝，人流非常多，辦起燈會上嚟，更加係人山人海，熱鬧非凡。梁山泊嗰邊打聽到北京城要搞燈會，宋江即時話要親自領軍去攻城。吳用勸住佢話：「兄長身體仲未痊癒，小弟幫兄長去行呢一趟啦。」

於是，吳用同鐵面孔目裴宣一齊點起八路人馬，向北京城進發，約定正月十五半夜喺北京城下會合。

而時遷就提前幾日混咗入北京城，同其他幾路頭領接好頭，各自按照吳用嘅安排行事。到咗元宵節當晚，北京城裏面火樹銀花，家家戶戶張燈結綵，真係花燈處處，人流如鯽，而翠雲樓上面更加係客似雲來，熱鬧到不得了。

到咗二更天，時遷帶住個竹籃，裏面放滿晒硫磺、炸藥，上面用啲小玩意遮住，就走上去翠雲樓。啱啱上到去，就聽到啲人鬼殺咁吵：「弊啦弊啦，聞達畀人劫營，梁山泊嘅人馬殺到西門外面啦！」

眼睇住城裏面一片混亂，時遷趁機喺翠雲樓上點着火，話咁快就燒到火光衝天，遠遠都見到了。

梁中書聽講城內起火，城外又大軍壓境，正想出門去睇下咩情況，只見門口有兩台大車忽然間起火，兩條大漢攔住去路，大叫話：「梁山泊李應、史進在此！」講完舞起朴刀就殺過嚟。

梁中書見到唔對路，調頭想運南門走人，點知又聽到手下啲人大叫：「有個肥和尚用把鐵禪杖，同個惡行者用一雙戒刀，殺緊過嚟啊！」

唔使問，嗰兩個梗係魯智深同武松啦。

一時之間，梁中書真係覺得風聲鶴唳，草木皆兵。佢好不容易先跑到去西門搵到李成。眼見梁山泊嘅兵馬已經殺到入城了，李成惟有護住梁中書且戰且走，殺出一條血路，最後終於衝出北京城，會合埋聞達嘅殘兵敗卒，一齊落荒而逃啦。

嗰邊廂柴進同樂和早就搵到蔡福、蔡慶，趁四圍一片混亂去打開大牢，將盧俊義、石秀都救翻出嚟。而燕青就同張順去將嗰個出賣盧俊義嘅管家李固同佢老婆捉咗返嚟。

攻破北京城之後，吳用下令出榜安民，打開糧倉賑濟百姓，然後將府庫嘅金銀財寶、綾羅綢緞全部搬晒上車，打住得勝鼓，高高興興就返去梁山泊喇。

返到山寨，宋江親自落山迎接，將盧俊義接到忠義堂，對住盧俊義行禮話：「我哋之前想請員外上山，諗唔到累咗兄長遭受大難，真係痛心疾首。今日終於再見到兄長，真係大慰平生啊！」

跟住，宋江就要請盧俊義坐頭把交椅。盧俊義梗係搏命推辭啦，其他人亦都唔願意要宋江讓位，李逵更加係大叫話：「唔好爭啦，我哋乾脆直接殺去東京，奪咗個鳥皇位，等公明哥哥做皇帝，盧員外做丞相，我哋個個就做大官！」

宋江見大家群情洶湧，亦就暫且唔提讓位嘅事，大排筵席犒賞三軍，慶祝呢次攻破北京，救翻盧俊義同石秀。

狼死 —— 粵語裏面嘅「狼」，除咗係名詞指狼呢種動物之外，仲有兇狠、兇猛嘅意思，可以單獨作為形容詞使用，例如形容一個人「哇，佢咁狼嘅！」由此引申出嚟嘅詞語包括「狼死」、「狼命」、「狼胎」等，都係形容兇狠、暴戾嘅講法。

另外，粵語中關於狼仲有一個詞，叫做「狼戾」。呢度嘅「狼」字唔係一般我哋所讀嘅音調，而應讀成「$long^1$」; 而「戾」字亦唔讀「累」音，而係讀成「lai^2」音，係指野蠻、蠻不講理嘅意思。

蔡太師 ——《水滸傳》裏面多次提到太師蔡京，將佢作為大反派嚟描寫。實際上，蔡京呢個人係北宋晚期一位重要嘅政治人物。佢因為傑出嘅文學及書法才華得到宋徽宗賞識，多次擔任宰相，迎合皇帝推行過多項政治經濟政策，為政府增加收入，完善咗社會救濟嘅制度，而且佢仲好重視教育，喺全國各地都興辦學校。佢所推行嘅各種政策措施，對宋朝社會產生咗深遠影響。

一方面，蔡京有出色嘅工作能力，但另一方面佢又喺朝廷上打擊異己，專權跋扈，口碑好差。到後來金兵攻宋，宋欽宗繼位，蔡京被稱為「六賊」之首，被流放嶺南，病死途中。《水滸傳》入面稱蔡京為太師，但其實呢個稱號只係一個榮譽官銜，北宋時期好多宰相都會加太師銜，並無對應嘅實際工作。將蔡京稱為太師，會顯得比較尊敬，亦會顯得佢嘅地位特別高。

及時雨 宋江
替天行道

神火聖水上山來

梁山泊大軍攻破北京城嘅消息傳到返京師，徽宗皇帝知道之後大驚失色，問文武大臣應該點算好。諫議大夫趙鼎就建議話：「之前我哋屢次調兵征討梁山泊都唔成功，不如請皇上降一道聖旨招安，等佢哋為朝廷所用，鎮守邊關，噉先至係上策。」

但係蔡京就大鬧趙鼎，話佢目無法紀，幫反賊講說話。最後搞到徽宗皇帝將趙鼎貶出朝廷。跟住蔡京又建議話：「臣舉薦凌州兩位將領，一個叫做單廷珪，一個叫做魏定國，都係任凌州團練使。呢兩個人一定可以剷平逆賊嘅。」

徽宗皇帝聽咗，就下旨調單廷珪同魏定國領軍去攻打梁山泊。

而喺梁山泊山寨上面，宋江連日大排筵席，舉辦慶功宴。呢一日正係食得高興，忽然接到探子嚟報，話朝廷徵調凌州兵馬，要嚟攻打山寨。宋江聽咗好緊張，問吳用點算好，關勝見到噉嘅情形就自告奮勇話：「我同凌州嘅單廷珪、魏定國都係老相識。單廷珪擅長用水攻，人稱聖水將軍，魏定國擅長用火攻，人稱神火將軍。小弟想帶五千兵馬，先去凌州截住佢哋。如果佢哋肯降，我就帶佢哋上山，如果唔肯，我就將佢哋捉返嚟見兄長。」

宋江一聽好高興，馬上叫宣贊同郝思文，跟埋關勝帶領五千兵馬去迎擊凌州兵馬。

關勝出發之後，吳用唔放心，又派林沖、楊志帶多五千兵馬過去接應。李逵聽咗興沖沖噉話佢都要去，結果畀宋江鬧咗一身。

李逵唔忿氣，半夜攞埋兩支板斧自己偷偷哋落山，打算去殺咗單廷珪同魏定國。佢落山之後，遇到一個想投奔梁山泊嘅好漢叫做無面目焦挺，焦挺勸李逵話：「我哋兩個人去凌州有咩用啊？不如一齊去枯樹山，搵埋喺嗰度佔山為王嘅喪門神鮑旭，再一齊去凌州啦。」李逵聽咗覺得都有道理，於是就跟埋焦挺去枯樹山喇。

另一邊關勝率領兵馬去到凌州，單廷珪同魏定國領兵出嚟應戰。陣前相見，關勝就話：「兩位將軍，別來無恙啊嘛？當今朝廷奸臣當道，百姓困苦，我哋梁山泊宋公明兄長立志替天行道，所以叫關某嚟請兩位將軍一齊上山，共商大義。」

單廷珪同魏定國聽咗梗係唔肯制啦，一齊拍馬出陣嚟戰關勝。關勝正準備迎戰，身後嘅宣贊同郝思文已經搶先衝咗出去，同凌州二將廝殺起嚟。打咗一陣，單廷珪同魏定國撥轉馬頭就走，宣贊同郝思文拍馬追上去，點知對面忽然走出幾百紅甲軍，幾百黑甲軍，套索撓鈎齊出，一下子就將宣贊同郝思文捉晒返去。

跟住單廷珪同魏定國又帶領兵馬重新殺返轉頭，打到關勝手忙腳亂。好在得林沖同楊志帶兵及時趕到，噉先打退咗凌州兵馬。

凌州太守見捉到宣贊同郝思文，十分歡喜，叫一隊人馬用囚車將兩個俘虜押送去京城。佢哋行到枯樹山嘅時候，正好遇上李逵。原來李逵已經搵到鮑旭，正準備去凌州幫手，咁啱得咁蹺喺路上就碰到佢哋。呢個時候，李逵見宣贊同郝思文畀人押送去東京，於是半路殺出，將佢兩個救翻出嚟，然後一齊去凌州助戰。

第二日，關勝領軍去到凌州城外挑戰，單廷珪帶兵出嚟應戰，兩個人打咗二十幾個回合，關勝忽然掉頭就走。單廷珪諗住關勝係佢手下敗將，於是放心喺喺後面搏命追趕。追咗十幾里路，關勝停低大喝話：「你仲唔落馬投降？」

單廷珪舉手一槍照住關勝刺過去，關勝奮起神威，大喝一聲，用刀背出力一拍，將單廷珪當堂拍咗落馬。

跟住，關勝親自落馬扶起單廷珪，再三勸佢歸降。單廷珪見關勝打贏咗都唔殺自己，十分感動，左思右想咗一番終於應承歸順梁山泊。於是關勝帶住單廷珪返去營寨，同林沖佢哋解釋話自己勸到單廷珪歸降，一句都冇提交手勝負嘅事。

喺城裏面，魏定國聽講單廷珪歸降咗梁山泊，激到扎扎跳，第二日又率領軍隊出嚟挑戰。關勝出陣同佢打咗幾個回合，魏定國又再撥轉馬頭就走。關勝正要追上去，單廷珪喺後面及時大叫：「唔好追啊！」關勝啱啱勒住匹馬，就見到對面陣中跑出五百名火兵，個個身着紅衫，手持火器，推住幾十部大車，車上都係啲易燃易爆嘅物資。嗰班火兵人人身上帶住個鐵葫蘆，裏面放滿硫磺硝石火藥，呢個時候一齊點起大火，向住梁山泊嘅軍隊就衝過去。

關勝眼見對面火勢衝天，一時之間唔知點抵擋好，惟有帶住兵馬連退四十里，噉先穩住陣腳。

魏定國打咗勝仗，正準備回城，點知發現凌州城裏面濃煙滾滾，四處火頭。原來李逵同焦挺、鮑旭佢哋帶住枯樹山嘅兵馬，早就從另一個門殺咗入凌州城，喺城裏面放火燒屋，搶奪府庫。

魏定國唔敢入城，惟有走到去附近縣城暫避，結果畀關勝趁機追殺，打到佢嘅部隊丟盔棄甲，跑到去縣城堅守不出。

單廷珪見到噉嘅情形，就單人匹馬走入縣城見魏定國，勸佢歸降梁山泊。魏定國話：「要我歸降都得，要關勝親自過嚟。」

關勝知道之後，真係單人匹馬入去見魏定國，同佢一聚往日之情。魏定國見關勝咁信任自己，都好感動，即時同意歸降。於是關勝同林沖就帶住凌州兩位將軍，一齊返去梁山泊了。

回程之上，佢哋遇到金毛犬段景住。段景住本來同楊林、石勇去北方買馬，點知行到青州，畀個叫做險道神郁保四嘅人帶埋啲手下攔路截胡，將馬匹搶晒去曾頭市。

佢哋返上山寨之後，宋江見到凌州兩位將領過嚟聚義，李逵又招攬咗幾位好漢，本來好歡喜嘅，但係跟住聽到段景住話馬匹被搶嘅事，即時心頭火起，大鬧話：「呢個曾頭市，簡直當我哋冇到！之前晁天王嘅仇都仲未報，今次唔掃平曾頭市，我誓不回山！」

於是吳用就派時遷、戴宗先去打探情況。冇耐之後，佢哋返嚟回報話：「曾頭市正喺度準備嚟攻打我哋山寨，而家以法華寺為中軍帳，周圍紮落五個營寨。嗰啲搶返去嘅馬匹就安置喺法華寺裏面。」

宋江叫齊一班頭領過嚟商議，盧俊義自告奮勇話：「盧某上山咁耐，都未有尺寸之功，今次願意打個頭陣。」

宋江好高興，正要應承，但吳用就攔住佢話：「盧員外初到山寨，未經戰陣，山路又崎嶇，騎馬不便，不如另外帶一隊兵馬，喺平川埋伏，聽到中軍炮響，就出嚟接應啦。」

原來，當日晁蓋臨死嘅時候講過，邊個捉到害死佢嘅人，邊個就做山寨之主。吳用怕盧俊義搶咗呢個功勞，到時宋江一定要讓位，噉就麻煩喇，所以特登唔畀盧俊義打先鋒。盧俊義冇諗咁多，亦就應承咗。

接住落嚟，吳用安排好五路兵馬，分別由秦明、魯智深、楊志、朱仝以及宋江率領，浩浩蕩蕩直奔曾頭市而去。

曾頭市嗰邊接到消息話梁山泊大軍殺到，亦都早作準備，叫人喺附近佈置好陷坑，埋伏好伏兵，就等住梁山泊嘅兵馬過嚟。點知吳用早有防備，安排楊志、史進帶兵馬喺外圍搖旗吶喊，但就係唔進攻。

如此這般過得幾日，曾頭市嘅軍隊都難免有啲懈怠。呢一日，曾頭市嘅教師史文恭正喺度等緊梁山泊嘅兵馬過嚟，忽然接到報告話兩邊嘅營寨都受到攻擊，佢哋預先埋伏嘅伏兵亦都畀人發現咗，吳用指揮馬軍將啲伏兵逼到跌晒落佢哋自己預備嘅陷坑裏面。

史文恭冇計，惟有出寨迎戰。點知吳用馬鞭一指，百幾部點着火嘅大車一齊衝過嚟攔住史文恭嘅去路，跟住公孫勝喺後面作法，颳起一陣大風，將曾頭市嘅營寨燒到變成殘垣敗瓦。

曾頭市呢邊輸咗一陣，大哥曾塗就話：「擒賊先擒王，等我去將宋江捉返嚟，佢哋自然自亂陣腳啦！」於是第二日，就帶兵去到梁山泊營寨前面挑戰。

宋江聽講對方過嚟挑戰，就派出呂方、郭盛出去迎戰。呂方率先出馬，同曾塗打咗三十幾個回合。郭盛見呂方唔多夠打，拍馬趕上去幫手，三個人打成一團。曾塗見對方兩支畫戟都有條金錢豹尾，於是用槍一撥，將兩支畫戟纏埋一齊。後面小李廣花榮見唔對路，當機立斷彎弓搭箭就一箭射過去。曾塗呢個時候正要趁機舉槍拮向呂方，點知一支冷箭射到，將佢當堂射咗落馬，跟住呂方同郭盛雙戟一齊刺落去，即時攞咗曾塗條命。

鬧咗一身 —— 粵語裏面有唔少獨特嘅量詞，與普通話頗為不同。例如話畀人「鬧咗一身」，即係普通話裏面被「罵了一通」嘅意思。兩個都係鬧，但量詞就唔同。除此自外，粵語仲有一帗（粵音：fat[1]，讀如「忽」）肉、一埲（粵音：bung[6]）牆、一嚿叉燒、一碌木、一笪地、一棚牙等等，另外仲有一頸血、一條氣等俗語。

畫戟上嘅絨縧 —— 呂方同郭盛嘅畫戟經常攪埋一齊，原因係畫戟前部各自掛咗一條絨縧，呂方嘅係金錢豹子尾，郭盛嘅係金錢五色幡。呢啲絨縧一方面可以作為裝飾品，令兵器更加威武，另一方面則可以作為兵器嘅「血擋」使用。古代嘅長兵器例如長槍等，往往喺前端加上紅纓，以防敵人嘅鮮血沿住兵器流到手上，影響兵器嘅使用。喺敦煌洞窟嘅壁畫中，我哋經常可以見到呢種武器上帶飾幡、槍纓嘅畫面。

喺長桿武器上掛飾品，其實係中國古代軍隊一直沿襲嘅習慣。睇翻歷史記錄，原來唔單止中國古代人中意噉樣做，連西方史籍都有提到，比如以前嘅歐洲士兵就中意喺長矛上掛狐狸尾。喺拿破崙嘅軍隊中，就曾經討論過喺騎兵長槍上掛紅白色燕尾旗仔對作戰有無影響。經過實驗證明，呢啲旗仔原來真係可以起到驚嚇馬匹嘅作用，所以拿破崙批准咗呢種做法。

第三十八回

雪恨大破曾頭市

曾頭市嗰邊接到消息話曾塗戰死，佢嘅細佬曾昇嬲到咬牙切齒，披掛上馬就衝到去前寨，要出戰為兄長報仇，大家攔都攔唔住。

呢個時候史文恭同蘇定趕到，都勸佢唔好心急，要穩守待援，但係火遮眼嘅曾昇邊度肯聽？帶住幾十個馬軍就出寨挑戰。

梁山泊呢邊聽講曾昇過嚟挑戰，李逵拎起板斧就搶先衝出去。曾昇見李逵打大赤肋唔着盔甲，馬上叫士兵放箭。李逵平時上陣，通常都有項充、李袞用盾牌幫忙保護，呢個時候佢得一支公衝出嚟，根本無辦法避得開咁多支箭。呢一下佢抵擋唔住，當堂大髀中箭跌咗落地。曾昇手下啲馬軍見李逵中箭，即刻衝上嚟搶人，好在得秦明、花榮、馬麟、鄧飛佢哋一齊上嚟接應，噉先救翻李逵。

曾昇見梁山泊嗰邊人多，於是返去叫埋史文恭同蘇定一齊出戰。史文恭騎住嗰匹照夜玉獅子，手執長槍，認真威武。宋江麾下嘅秦明出陣同史文恭對戰。打咗二十幾個回合之後，秦明漸漸有啲抵擋唔住，畀史文恭一槍刺中大髀，即時跌咗落馬。後面呂方、郭盛、馬麟、鄧飛衝晒出嚟，將秦明救咗返去。但係部隊就節節敗退，一路退咗成十里先至紮落營寨。

宋江叫人先將秦明送上山寨休息，然後通知關勝、徐寧、單廷珪、魏定國落山幫手。

到咗夜晚，吳用話畀宋江知：「我占咗一卦，今晚必定有敵軍嚟劫營。」

宋江聽咗，馬上叫人做好安排，等住曾家軍過嚟。到咗夜晚，果然見到曾昇同史文恭領軍過嚟劫營。佢哋入到營寨之後，發現裏面空無一人，知道中計，即刻擰轉身奪路而逃。但係呢個時候畀梁山兵馬重重圍困，佢哋邊有咁易走得甩？結果喺走佬途中，曾頭市西寨嘅曾索畀解珍一叉殺死咗，剩低史文恭一支公走返去曾頭市。

眼見自己嘅軍隊屢戰屢敗，曾頭市嘅長官曾弄都驚起上嚟。於是佢寫咗封信畀宋江求和，話願意將之前搶走嘅馬匹全部送翻畀梁山泊，不過就要雙方互相派人做人質，以顯示雙方嘅誠意。宋江本來唔肯睬佢，但係吳用就建議話應承住曾太公先，等馬匹到手再作打算。

於是雙方交換人質，吳用派時遷、李逵、樊瑞等五個人過去，而曾頭市就送曾昇同郁保四過返嚟。

但係曾頭市雖然將之前搶走嘅馬匹送晒返嚟，惟獨就少咗嗰匹照夜玉獅子。宋江堅持一定要呢匹馬，史文恭則堅持你退兵我先肯畀，雙方一時之間僵持不下。

就喺呢個時候，宋江接到消息，話青州、凌州派官軍過嚟助戰，於是一邊派關勝、單廷珪佢哋去迎戰官軍，另一邊就搵郁保四過嚟，勸佢歸降梁山泊，應承畀個頭領佢做。郁保四見宋江仁義，又見曾頭市形勢不妙，終於岌頭應承入夥。

吳用就教郁保四返去呃史文恭，對佢話宋江聽講救兵就到，十分慌張，叫史文恭漏夜帶兵嚟劫寨。

郁保四返到去一講，史文恭果然中計，漏夜帶齊人馬就嚟襲擊梁山泊嘅營寨。點知梁山泊呢邊早有防備，擺個空寨引曾家軍入嚟，然後伏兵四起，圍住曾家軍狂攻猛打。

另一邊時遷、李逵佢哋幾個喺法華寺亦都放火撞鐘，接應梁山兵馬殺入去，將留守嘅兵馬殺個清光。

史文恭同曾家幾個仔身陷重圍，又見到法華寺嗰邊起火，知道大勢已去，一個個無心戀戰。結果曾家幾個仔畀梁山好漢殺死晒，惟獨史文恭靠自己匹快馬殺出重圍，一路向西而去。

點知行得二十幾里路，史文恭忽然聽到一聲鑼響，路邊衝出幾百士兵，為首一員大將正係盧俊義。盧俊義一棍照住史文恭嘅馬腳掃過去，但嗰匹照夜玉獅子真係神駿，只見佢騰空一躍，跳過盧俊義就跑咗去。但係行得幾步，史文恭就見到陰風陣陣，黑霧滿天，佢急急忙忙想行返轉頭，結果畀盧俊義一刀斬中大髀，當堂跌咗落馬，只好束手就擒。

盧俊義押住史文恭，燕青牽住照夜玉獅子，一齊返去拜見宋江。宋江十分高興，將曾頭市洗劫咗一番，就押住史文恭返上梁山泊喇。

返到山寨之後，宋江先係殺咗史文恭，拜祭晁蓋在天之靈，然後對大家話：「當日晁天王講過，邊個捉到史文恭，就奉佢為山寨之主。而家盧員外立此大功，正應該奉佢為梁山泊之主。」

盧俊義耍手兼擰頭，搏命推辭，吳用亦都話：「兄長為尊，盧員外為次，噉就大家都心服口服喇。兄長再推辭，恐怕大家都唔願意啵。」講完，就猛咁向其他人打眼色。

李逵見到，即刻企出嚟大聲話：「公明哥哥，我當日喺江州搏命，都係為咗跟你。而家你噉樣講法，不如大家散夥算啦！」

其他人亦都一齊跟住起哄，唔畀宋江讓位。宋江諗咗一下就話：「既然係噉，我有個辦法，睇下天意如何。我哋梁山泊東邊有兩個州府，一個係東平府，一個係東昌府。我同盧員外各領一支兵馬去攻打，邊個先攻破城池嘅，邊個就做山寨之主，噉樣夠公道啦嘛？」

於是，宋江同盧俊義一齊抽籤，結果宋江抽到東平府，盧俊義抽到東昌府。休整一番之後，宋江同盧俊義就分頭領軍出發喇。

先講宋江呢一路，佢帶兵去到東平府附近，諗住先禮後兵，於是派郁保四送咗封戰書入去，話梁山泊要嚟借糧，如果東平府肯開城納糧，就可以免遭刀兵之禍。

東平府嘅太守程萬里同兵馬都監董平見到封戰書，都十分氣憤，將郁保四打咗一身，趕出城外。

宋江見對方咁唔畀面，就發兵攻城啦，東平府嗰邊都監董平率領兵馬出嚟迎戰。只見呢個董平一表人才，瀟灑倜儻，手執雙槍，箭壺裏面插住一面旗仔，寫住：「英雄雙槍將，風流萬戶侯」。原來，董平因為一手雙槍使得出神入化，兼且三教九流無一不通，畀人叫做「風流雙槍將」。

宋江見董平咁威風，就派百勝將軍韓滔出馬迎戰。點知董平嗰兩條槍真係使到神出鬼沒，打到韓滔手忙腳亂。宋江見韓滔打唔過，又派徐寧上去接手。兩個人打咗五十幾個回合，打到煙塵滾滾，殺氣滿地，仲係不分勝負。宋江怕徐寧頂唔住，於是下令鳴金收兵，誰不知董平實在勇猛，揮舞雙槍就殺入梁山泊嘅戰陣裏面，左衝右突，如入無人之境。宋江指揮軍隊想圍住董平，但係畀董平横衝直撞，殺出一條血路又走返出去。

呢個時候，董平見梁山泊軍隊勢大，亦都唔敢再戀戰，帶兵返入城內，而宋江就指揮大軍包圍住東平府。

真係估都估唔到，董平返到入城，都仲未休息就搵人去向程太守提親啵。點解董平打完一仗，忽然走去提親呢？原來，程太守有個女生得好靚，董平之前就去提過親，但係程太守唔肯。而家打完一仗返嚟，董平覺得程太守要靠自己守城，於是就又去提親，諗住佢實肯應承。點知程太守仲係推託話：「我同將軍一文一武，結為親家都好正路。不過而家賊寇臨城，都係等打退敵軍再講啦。」

董平聽咗，心諗而家程太守都唔肯應承自己，日後就更加難講，所以佢心裏面就好唔高興喇。

當晚，宋江又指揮軍隊連夜猛攻東平府。程太守催董平出去應戰。董平本來就心情唔好，更估唔到宋江連夜又嚟騷擾，心頭火起，帶領三軍出去迎戰。佢恃住自己武藝高強，策馬舉槍就衝過嚟捉宋江。林沖同花榮一齊出手截住董平，同佢打得幾個回合，撥轉馬頭就走，宋江嘅軍馬亦都走到散晒。董平以為今次得米啦，跟住宋江係噉追。結果追咗十幾里之後，佢哋去到一間茅屋之前。董平見宋江走咗過去，不知是計，繼續拍馬衝上去。點知忽然聽到銅鑼聲響，茅屋四圍幾條絆馬索一齊拉起，一下子將董平連人帶馬馬噉跌喺地，然後扈三娘、王英、張青、孫二娘一齊出手，將董平捉住，用麻繩綁起身押去見宋江。

宋江見到董平即刻翻身落馬，親自為董平鬆綁，跟住就向董平行禮話：「將軍如果唔嫌棄我哋山寨鄙陋，宋江願請將軍為山寨之主。」

董平無諗到宋江會噉對自己，連忙還禮話：「小將係被俘之人，點敢放肆？宋頭領肯饒我不死，董平願意投效。」

跟住董平又講起：「東平府太守程萬里係童貫嘅門生，搜刮百姓無所不為。既然而家我歸順咗山寨，下一陣，我願意入城呃開城門，好畀梁山大軍入城。」

宋江聽咗十分歡喜，馬上將兵器馬匹還翻畀董平。董平見宋江咁信任自己，都好感動。於是佢果然信守承諾，返到城下就叫開城門，放梁山泊大軍入城。

宋江指揮大軍入城之後，打開府庫搬走金銀財帛，打開糧倉運走米糧，而董平就去將程太守一家殺晒，將佢個女搶咗返嚟。最後，宋江將程太守嘅家財攞晒出嚟賑濟百姓，然後就領軍出城喇。

畀面 —— 書面語嘅「賞臉」、「給面子」，粵語裏面稱為「畀面」。呢個「畀」字有「給」、「送」、「遞交」等意思。喺日常使用嘅時候，好多人會將同音嘅「俾」字當成咗「畀」字嚟用，例如當年 beyond 樂隊有首歌叫做「俾面派對」，其實就用得唔係咁準確喇。

實際上，根據古文典籍，「俾」字係指「使、把」嘅意思，亦可以用嚟表示「又如」、「服從」，仲有一個意思係用作名詞，指門童。同「給、送」等意思相差較遠。雖然今日嘅粵語中好多人已經將呢個字同「畀」混淆咗，但如果要遵循字嘅本義，用得更準確，仲係應該區分開更好。

照夜玉獅子 —— 梁山泊同曾頭市嘅衝突，起源於馬匹，其中宋江最為睇重嘅係名駒「照夜玉獅子」。歷史上有唔少名駒都有專門嘅名稱，例如劉備嘅「的盧」、呂布嘅「赤兔」、冉閔嘅「朱龍」等等。而呢匹「照夜玉獅子」，係中國十大名駒之一，傳說話佢通體雪白，可以日行千里，源於西域，係極品中嘅極品。而且傳說中佢頸上有長毛，喺月光之下，仲會發出銀白色嘅光，真係神駿非常。喺中國古代小說中，照夜玉獅子亦出現過好幾次，包括喺《三國演義》裏面趙雲亦都係騎呢種馬，立下赫赫戰功。

事實上，宋朝喺軍事上處於弱勢，一個好重要嘅原因就係缺乏戰馬。因為北方燕雲十六州地區喺五代時期割讓咗畀遼國，而西夏又佔據咗西北一帶，所以宋朝嘅馬匹供應一直非常緊缺。無馬就難以發展騎兵，同遊牧民族交手嘅時候，步兵容易蝕底，故此點樣先可以獲得更多馬匹，一直係宋朝政府想解決嘅問題。神宗朝時推行嘅熙寧變法，就曾經專門設置「保馬法」，希望可以促進馬匹嘅培養。

雙槍將 董平

第三十九回

一零八將大聚義

宋江攻破咗東平府，又得咗雙槍將董平，开开心心噉率領一軍人馬出發返去梁山泊。點知行到半路，佢就接到消息話盧俊義攻打東昌府頻頻受挫，仲傷咗兩員大將。宋江連聲歎氣：「唉，盧員外真係冇緣分。我本來專登安排吳軍師同公孫勝幫佢手，諗住佢得手之後可以做山寨之主。而家冇辦法了，我哋快啲過去幫佢手。」

於是，宋江轉頭率領兵馬，嗱嗱聲趕去東昌府支援盧俊義。

原來，東昌府裏面有員大將，叫做張清，因為擅用飛石，百發百中，人稱「沒羽箭」。佢手下兩員副將，一個叫花項虎龔旺，會使飛槍；一個叫中箭虎丁得孫，會使飛叉。盧俊義領軍攻打東昌府嘅時候，先係郝思文中咗張清嘅飛石，跟住項充又中咗丁得孫嘅飛叉，連輸兩陣，盧俊義冇辦法，惟有派人去搵宋江幫手。

宋江去到東昌府同盧俊義會合之後，張清聽講梁山泊援軍嚟到，就領軍出城挑戰。宋江帶住一眾頭領去到陣前，金槍將徐寧搶先出馬，同張清過招。打得幾個回合，張清調頭就走，徐寧拍馬直追。點知張清忽然擰轉身一粒石仔打過嚟，正中徐寧眉心，當堂將佢打咗落馬。好在宋江呢邊呂方郭盛嗱嗱聲上去幫手，將徐寧救咗返嚟。

繼徐寧輸咗頭陣之後，梁山泊呢邊嘅韓滔、彭玘、宣贊、呼延灼、劉唐、楊志、朱仝、雷橫等等大將接連出戰，全部都畀張清嘅石仔打傷晒，其中劉唐仲畀佢捉埋返去添。

雙槍將董平心諗：「我啱啱歸降山寨，唔顯一下本事，以後上山邊有位坐啊？」於是佢手提雙槍拍馬出陣，同張清大戰起身。

打得幾個回合，張清又用飛石嚟打董平，第一下畀董平用槍撥開，第二下又畀董平閃過咗。董平追到埋身，一槍對住張清拮過去，張清使個鐙裏藏身閃過呢一槍，跟手抓住董平嘅手臂，想將董平捉過嚟。但係董平力大，張清捉佢唔郁，兩個人都唔肯鬆手，一時之間扯埋一嚿分唔開。

兩邊嘅將領見到，梗係一齊衝上去幫手啦。於是雙方混戰一場，最後梁山泊呢邊因為人多勢眾，將龔旺同丁得孫都捉住咗。張清冇計，惟有帶住劉唐返入城內。

宋江返到營寨，吳用同佢講：「我聽聞喺五代嘅時候，後梁嘅鐵槍王彥章曾經連戰後唐三十六員大將，今日張清都連戰我哋十五員大將，比起王彥章都實在係不遑多讓，厲害啊！」

宋江問吳用：「軍師有冇咩好辦法，可以制服呢個張清呢？」

吳用笑笑口話：「兄長放心，我知你心意嘅，已經有安排喇。」

呢個時候，張清正喺城裏面同太守商議對策。傾傾下，佢哋忽然接到探子報告，話發現一批運糧隊，分別從陸路推車、水路行船，水陸並進噉運緊糧草去梁山泊嘅營寨。

張清聽咗就話：「等我今晚出城，將佢哋啲糧草搶晒過嚟先！佢哋缺糧，自然就退兵喇。」

於是到咗夜晚，張清真係帶住一千兵馬，偷偷哋出城去截劫糧草。行咗一陣，就見前面一個車隊，車上插嘅旗仔寫住「水滸寨忠義糧」，車隊前頭正係花和尚魯智深。

張清靜靜雞行近，一粒飛石打過去，打中魯智深個光頭，將佢當堂打跌喺地。跟住張清嘅兵馬一擁而上，將運糧車搶晒過嚟。佢見車上果然全部裝滿糧食，心諗果然冇搞錯，於是叫人將糧車運入城，自己就帶領部隊繼續去搶運糧船喇。

去到河邊，只見港口度逼滿運糧船，張清好高興，指揮軍隊就衝過去。點知就喺呢個時候，天上忽然陰雲密佈，滿天黑霧，伸手不見五指，張清班部下當堂就亂晒大龍。原來，呢下變化正係公孫勝暗中施展法術所致。

張清見到情況不妙，正想轉頭走人，但係林沖已經帶住一隊騎兵殺到，將張清連人帶馬趕咗落河。張清喺岸上犀利嘅，但落到水裏面就冇晒辦法咯，梁山泊幾位水軍頭領李俊、張橫、張順、阮氏兄弟全部喺河裏面等住佢，張清就算三頭六臂都走唔甩。最後佢畀阮氏三雄捉住綁咗起身，送去營寨見宋江。

另一邊吳用趁張清離城，指揮軍隊搏命攻城，原來佢用嘅係調虎離山之計！東昌府城入面得太守一個點頂得住？冇幾耐，梁山泊嘅人馬就攻破城池，殺入城內。佢哋先將劉唐救返出嚟，然後再打開府庫，將錢糧一半運返去梁山泊，另一半發放畀當地嘅百姓。

入城之後，宋江同一眾頭領喺府衙聚頭，幾位水軍頭領就將張清押上嚟。宋江仲係老辦法，親自為張清鬆綁，請佢上殿坐落。點知宋江仲未開聲，魯智深就攞住鐵禪杖吚哇鬼叫要嚟打張清，其他畀張清打傷嘅頭領亦都係咬牙切齒，話要殺咗張清。

宋江即刻上去攔住魯智深，將大家喝住，大聲話：「戰場之上各為其主，點怪得將軍呢？」

張清見宋江咁講義氣，當堂心服口服，下拜投降，宋江亦都折箭為誓：「以後邊個兄弟仲記仇要報復嘅，皇天不佑，死於刀劍之下。」

大家見宋江噉樣表態，亦都唔敢再出聲，張清亦就成咗梁山泊嘅一員大將。

跟住，張清又向宋江推薦東昌府嘅一位叫做皇甫端嘅獸醫。呢位皇甫端係幽州人士，因為生得黃鬚綠眼，人稱紫髯伯。宋江好高興，話山寨正好缺乏善於醫治馬匹嘅能人，於是將皇甫端請過嚟，邀請佢入夥聚義。皇甫端見宋江禮賢下士，就好順攤噉應承咗。至於張清嘅兩位副將龔旺同丁得孫，見張清都歸順梁山泊，自然亦都跟住一齊入夥喇。

於是，宋江帶領大隊人馬浩浩蕩蕩返回山寨。上到山寨之後，宋江大排筵席慶賀，一眾頭領喺聚義堂按位次坐落，正好一百零八位。宋江越睇越歡喜，對大家話：「各位兄弟，承蒙大家錯愛，推小弟為山寨之主，今日聚集咗一百零八位頭領，真係彌天之喜。我想打一場羅天大醮，一來感激皇天眷顧，二來希望朝廷早日開恩赦罪，三來祭祀晁天王在天之靈，大家話好唔好？」

大家聽咗齊聲叫好，於是就請公孫勝主持，請嚟四十八位道士，一齊喺忠義堂連做七日法事。

做完法事當晚嘅三更時分，大家忽然聽到天上傳嚟一聲巨響，緊接住西北方向好似開咗隻天眼噉，精光四射，彩霞繚繞，然後衝出嚟一團火，一直向住祭壇飛落去，最後蝸咗入地下就唔見咗喇。

宋江嗱嗱聲叫人掘開泥土，睇下下面究竟有乜嘢。挖到三尺深淺，大家就見到一塊大石碑，正反兩面都寫滿蝌蚪文字。梁山泊一眾好漢竟然冇人認到寫緊乜。

於是宋江就問班道士，有冇人識得石碑上嘅文字。有位何玄通道長企出嚟話：「呢啲係天書文字，貧道認得。」

宋江喜出望外，馬上雙手捧住塊石碑攞過去畀何道長睇。何道長睇咗好耐先話：「呢塊石碑兩面寫嘅都係各位義士嘅姓名，正面係三十六天罡星，旁邊寫嘅係『替天行道』四個字；反面係七十二地煞星，旁邊寫住『忠義雙全』四個字。」

宋江聽咗十分歡喜，馬上叫聖手書生蕭讓，將何道長翻譯出嚟嘅文字抄晒落嚟，果然梁山泊一百零八位好漢嘅姓名，外號，對應嘅星宿，都齊齊整整，一個不差。

大家見咗都話，原來大家嚟到梁山泊聚義，係上天注定嘅。於是宋江下令，幫聚義堂換一個牌匾，寫上「忠義堂」三個大字，又喺山頂立起一面杏黃旗，上面寫住「替天行道」四個大字。從此，寨中一百零八位頭領，各自排好座次，各司其職，訂立規矩，井然有序。

返轉頭諗一諗，原來當年洪太尉喺龍虎山放出嘅一百零八個魔君，正係梁山泊上嘅一百零八位好漢！

「靜靜雞」── 粵語裏面有一對好有趣嘅俗語，分別係「靜靜雞」同「靜雞雞」。呢兩個詞嘅意思基本上都差唔多，都係「偷偷」嘅意思。曾經仲有人討論過究竟「靜靜雞」比較安靜，定係「靜雞雞」比較安靜添！

然而事實上，呢兩個詞主要唔係形容環境安靜，而係形容「偷偷摸摸」。喺使用呢兩個詞嘅時候要注意呢點。至於形容環境安靜，廣府人會用另一個詞 ──「靜嚶嚶」。

逼上梁山 ──「逼上梁山」呢個成語，我哋而家一般用嚟形容人迫於無奈、鋌而走險嘅情形，呢個成語正係出自於《水滸傳》。

但如果睇翻成部小說，我哋會發現小說裏面提到有唔少頭領唔係畀官府逼上梁山，反而係畀梁山泊山寨上已經造反嘅頭領逼上梁山嘅，比如宋江等人假扮秦明殺人逼秦明上山聚義、李逵殺死小衙內逼朱仝入夥等等。呢個其實都係對於歷史頗為真實嘅寫照。喺歷史上發生嘅農民起義，有一種慣用做法，叫做「裹挾百姓」，亦就係話用各種辦法強迫百姓加入，以壯大自己嘅隊伍。所以古代普通百姓一旦遇到造反嘅隊伍，往往身不由己，苦不堪言：一方面受官府壓迫，生活確實難過；另一方面雖然內心唔想造反，但已經揭竿造反嘅人會威逼利誘，佢哋好難拒絕。可見，實際上好多時古代嘅農民起義並唔係團結一心，意志亦唔夠堅定，目的都係為自己爭取同朝廷談判嘅籌碼，所以往往會以受招安或者失敗告終。

沒羽箭 張清

第四十回 受招安落寞收場

梁山泊一百零八位好漢聚義，打出「替天行道」嘅旗號，震驚天下，朝廷上下都十分緊張。御史大夫崔靖向皇帝建議，與其消耗人力物力去清剿，倒不如派大臣過去招安，用梁山泊嘅兵馬去對付北方邊境遼國嘅入侵。

宋徽宗聽咗亦認為係一個好辦法，就派殿前太尉陳宗善為使者，帶住詔書同御酒去梁山泊招安。但係蔡京、高俅兩個同梁山泊咁多牙齒印，梗係唔想朝廷招安成功啦，於是各自派咗一個張幹辦、一個李虞候跟住去。

結果去到之後，張幹辦同李虞候一啲禮貌都冇，對梁山好漢呼呼喝喝，嗰份詔書亦都寫得毫無誠意。知道份詔書內容後，李逵激到當堂發爛渣，將詔書搶過嚟撕到粉碎，其他人亦都手執刀劍，要衝上嚟喊打喊殺。

宋江見唔對路，惟有將陳太尉送落山，再三對佢表明自己係一心等待朝廷招安嘅，只要朝廷善待梁山泊，自己一定盡忠報國。

陳太尉返到京城向皇帝彙報情況，宋徽宗聽聞梁山泊班人連詔書都撕爛埋，當堂把幾兩把火，嬲到即刻派樞密使童貫率領大軍去掃平梁山泊。

童貫身為樞密使，手下兵多將廣，大隊人馬浩浩蕩蕩殺到去梁山泊。點知宋江同吳用早就擺定個九宮八卦陣等住佢。一場大戰之下，官軍被打到丟盔棄甲，童貫執翻條命仔，急急忙忙就跑返去京城喇。

童貫返到京城之後，唔敢向皇帝彙報自己打敗仗，佢請蔡京出面，話呢一次因為水土不服，加上缺乏船隻，所以剿匪唔成功。宋徽宗懵盛盛，唔知底細，真係畀佢蒙混過關了。

眼見兩次同梁山泊交手都唔成功，高俅自告奮勇，徵調十路節度使一齊討伐梁山泊。

呢十位節度使雖然都係能征慣戰嘅老將，立過唔少功勞。不過呢個時候年紀有啲大喇，正所謂拳怕少壯，又點係梁山泊好漢嘅對手呢？結果幾場大戰打落嚟，十大節度使戰死嘅戰死，被俘嘅被俘，高俅連戰連敗，畀梁山泊打到怕晒。呢個時候，有人幫佢出咗條橋，話可以請皇帝降一道御旨招安，不過喺詔書嘅開頭加個標點，將「除宋江盧俊義等大小人眾所犯過惡並與赦免」改成咗「除宋江，盧俊義等大小人眾所犯過惡並與赦免」。噉樣一嚟，即係赦免其他人唔赦免宋江。

之但係佢呢條毒計邊度呃得過梁山泊嘅好漢？吳用一聽朝廷使者噉講就即刻醒水，花榮更加係大喝話：「唔赦免我哋大哥，我哋投咩降啊？」一箭將個使者射死咗。

高俅詭計落空，惟有向朝廷申請援軍，繼續同梁山泊打過。但係佢踢毬就叻嘛，打仗邊度係梁山好漢嘅對手呢？一場水陸大戰，官軍不但大敗，連高俅自己都畀梁山泊捉埋。

高俅見人講人話，見鬼講鬼話，喺梁山泊上對住一眾好漢拍晒心口應承只要宋江放佢返去，必定請朝廷再派人嚟招安。宋江亦都唔想殺咗佢搞到冇彎轉，所以就放咗高俅落山喇。

不過宋江同吳用都知道高俅靠唔住，於是派燕青落山。燕青幾經周折，打點關係，終於通過名妓李師師見到咗宋徽宗。燕青將梁山泊一心等朝廷招安，但係幾次都畀奸臣破壞嘅事講畀皇帝知。

於是宋徽宗上朝之後，就追問童貫、高俅兵敗嘅事，然後派殿前太尉宿元景，帶住聖旨同御酒、禮物，再去梁山泊招安。

呢位宿太尉之前曾經被迫幫過宋江攻破華州，都算係老熟人。佢為人正直，同濟州太守張叔夜一齊去到梁山泊，對梁山泊一眾豪傑真誠相待，終於順利完成招安。然後根據皇帝詔命，叫宋江帶齊山寨人馬入京見駕。

梁山泊人馬今次入京，打起「順天」、「護國」兩面大旗，一個個披掛整齊，真係威風凜凜，氣勢非凡，睇到滿城嘅百姓都齊聲叫好。

宋徽宗見到梁山泊一眾好漢，亦都十分歡喜，親自設宴接待。不過童貫又出陰招，想將梁山泊嘅好漢分散到各地，結果一眾頭領即時發火，話如果要拆散佢哋兄弟，就返去梁山泊繼續造反。

宿太尉知道之後，就建議話而家喺北方，遼軍侵犯大宋邊境，朝廷正係用人之際。既然梁山泊一眾好漢歸順朝廷，正好可以派宋江帶領梁山兵馬去抗敵。於是，宋徽宗封宋江為破遼都先鋒，盧俊義為副先鋒，命令佢哋領兵前去抗擊遼軍。

遼國嗰邊聽聞宋軍殺到，亦都派出大軍過嚟迎戰。雙方你來我往大戰咗幾場，宋軍佔盡上風，遼軍就節節敗退，損兵折將，連失幾座城池，畀宋軍一路打到幽州城下。

眼見形勢不妙，大遼國主決定御駕親征。佢率領二十萬大軍過嚟同宋軍決戰。遼軍裏面亦都有高人，擺咗一個太乙混天象陣，宋軍去攻打咗幾次都畀遼軍打退。

不過宋江既然係一百零八魔星中嘅星主，自然有神仙庇佑。呢一晚，九天玄女就報夢畀佢，教佢破陣之法。宋江一覺瞓醒，用上呢個法子，就成功指揮大軍攻破敵陣了。呢一次，宋江佢哋打到遼軍丟盔棄甲，狼狽不堪，只能夠龜縮喺幽州城內，向宋朝求和。

宋徽宗接到遼國求和嘅表章，十分歡喜，而蔡京唔想畀宋江立咁大功勞，所以係噉慫恿宋徽宗接受議和。宋江佢哋喺前線接到皇帝嘅命令，惟有班師回朝。

梁山泊眾人破遼之後，亦想建立一番功業，所以接住落嚟，宋江帶領梁山泊嘅兵馬東征西討。佢哋先係平定咗河北田虎造反，繼而又掃平淮西王慶叛亂。朝廷論功行賞，封宋江為保義郎、皇城使，封盧俊義為宣武郎、行營團練使，其他眾將領亦都各有封賞。不過因為蔡京、童貫從中作梗，梁山泊嘅人馬始終不受重用，宋江同盧俊義都悶悶不樂。

呢一日，宋徽宗上朝議事，講起江南方臘造反，佔據八州之地，自立為王，搞到朝廷十分被動。宿太尉就建議，派宋江帶領本部人馬去征剿。皇帝正喺度頭痛，聽咗呢個建議即刻批准，於是宋江又帶領人馬，再次出征喇。

不過呢一次征討方臘，就真係諸事不順，先係公孫勝辭別眾人，要返去跟隨師父修道；跟住連場大戰之中，又死傷咗唔少頭領。武藝高強如秦明、董平等等大將，都先後失手戰死。

最後，仲係靠柴進潛入敵營，假扮成方腊嘅駙馬柯引，同宋軍裏應外合，噉先好不容易打敗咗方腊。最終由魯智深將方腊生擒活捉，大功告成。

但係經此一役，原本梁山泊嘅頭領，戰死嘅戰死、病死嘅病死，十死其七，只係剩返三十六個得以生還。

回程路上，佢哋去到杭州，喺六和塔駐紮，眾將領都住喺六和寺裏面。呢一晚，魯智深忽然聽到外面江潮聲好似打雷咁響。魯智深一下嚇醒，以為係戰鼓聲，手執禪杖就衝出嚟。一問之下，寺裏面嘅和尚話佢知，原來係錢塘江嘅潮信之聲。

魯智深諗起當年師父智真長老對佢講過：「逢夏而擒，遇臘而執，聽潮而圓，見信而寂」，忽然大徹大悟，沐浴更衣，坐喺張禪椅上面就圓寂咗喇。

武松見魯智深修成正果，亦都決定留喺六和寺出家，唔跟宋江返京城。而浪子燕青就私下去搵盧俊義，勸盧俊義急流勇退。但係盧俊義身有官職，始終唔肯聽佢講。燕青冇辦法，惟有拜別盧俊義，帶埋一擔金銀瀟灑而去。

宋江同盧俊義率領兵馬返到京城，朝廷論功行賞，封宋江為楚州安撫使兼兵馬都總管，盧俊義為廬州安撫使兼兵馬副總管，其他將領亦都各有封賞。宋江佢哋謝過皇恩，就陸續去各地上任了。

點知朝廷之上幾個奸臣見到宋江佢哋咁風光，條氣好唔順。殿帥府嘅高俅同楊戩就諗出條毒計，搵人誣告盧俊義謀反。等盧俊義畀皇帝召到京城，佢哋暗中喺御賜嘅酒食裏面放咗水銀。盧俊義食完之後，喺返回盧州嘅途中，忽然覺得腰腎劇痛騎唔到馬，惟有坐船上路。結果佢唔小心喺船頭一個失足，跌落淮河浸死咗。

蔡京、童貫佢哋幾個見害死盧俊義嘅計劃得手，跟住就去慫恿宋徽宗，話盧俊義死咗，應該賜御酒安撫下宋江。然後佢哋又喺御酒度落咗慢性毒藥，要毒死宋江。

宋江已經喺楚州上任咗一段時間。佢到楚州之後，善待百姓，愛民如子，好得當地人愛戴。有一日，佢行到楚州城南門外，見到有個地方風景秀麗，而且同梁山泊嘅蓼兒窪同名。宋江心諗：「以後我死咗，安葬喺呢度就啱喇。」

呢個時候，使者帶住聖旨嚟到楚州。宋江接過聖旨，飲過御酒，嗰個使者就急急腳走咗去。冇耐之後，宋江慢慢覺得腹痛難忍，佢知道自己中咗毒，叫人去追個使者，點知個使者竟然都喺路上飲毒酒死埋。

宋江明白自己一定係畀奸臣所害，佢心諗：「我死唔緊要，但係李逵而家做咗潤州都統制，如果知道我嘅事，必定又去造反，我哋一世忠義之名就敗壞咗啦。」

於是，宋江馬上派人將李逵請過嚟聚舊，趁機將毒酒畀埋李逵飲。最後，宋江對李逵講明真相，李逵大喊話：「罷，罷，罷，我生前服侍哥哥，死後亦都追隨哥哥，做你部下嘅小鬼係啦！」

最後，宋江同李逵都毒發身亡，被葬喺楚州南門外嘅蓼兒窪。冇耐之後，吳用同花榮知道宋江嘅死訊，亦都去到宋江靈前，自殺而死。

楚州嘅百姓感念宋江嘅恩德，為佢設立祠堂，四時祭祀，香火不斷。

過咗一段日子，宋徽宗有一晚瞓覺，竟然得到宋江報夢，知道咗佢哋蒙冤被害嘅真相。醒翻之後，佢就暗中下令宿太尉去查證呢件事嘅真假。等到宿太尉回報確認宋江果然已經遇害，而且楚州百姓仲為佢設立祠堂添，宋徽宗真係嬲到不得了，喺朝堂上大鬧咗蔡京、童貫、高俅佢哋一餐，嚇到有份害宋江嘅幾個人即刻跪低叩頭請罪。不過，呢幾個畢竟係宋徽宗平時倚重嘅人，最後宋徽宗都冇懲罰到佢哋，只係下旨賜封宋江為忠烈義濟靈應侯，又派宿太尉去梁山泊修建祠堂，為一眾頭領修建神像，仲御筆親書祠堂嘅牌匾，名為「靖忠之廟」。宋江嘅細佬宋清，亦因此受到朝廷善待，佢生咗一個仔，日後亦繼續為朝廷效力。

就係噉樣，梁山泊一眾好漢呢段轟轟烈烈嘅被迫起義、最後接受招安嘅故事，至此正式落幕。據講宋江仲時時顯靈，保佑梁山泊同楚州嗰兒窪風調雨順，人民平安添。佢哋嘅祠堂神像，亦香火鼎盛，繼續受到百姓嘅信奉同紀念。

牙齒印 —— 粵語裏面形容兩個人有過節、有仇怨，有個有趣又形象嘅講法叫做「牙齒印」。所謂「牙齒印」，當然就係

被咬過之後留低嘅牙印，後來被引申為衝突之後留低嘅傷患，亦都指發生衝突之後雙方結下嘅仇怨。不過呢個詞喺實際使用嘅時候，一般用嚟形容比較輕嘅過節，嚴重程度唔算好高。

宋江起義 ——《水滸傳》裏面講述嘅梁山泊宋江起義，喺歷史上確有其事。喺北宋宣和年間（北宋末期），因為當時嘅朝政腐敗，對外軍事失利、對內設立各種苛捐雜稅盤剝百姓，搞到人民生活非常艱難。於是宋江等三十六人喺梁山泊聚眾起義，轉戰多個州縣，懲治貪官、劫富濟貧。當地仲流傳「去時三十六，來時十八雙。若是少一人，誓死不還鄉」嘅童謠。不過呢次起義好快就畀朝廷鎮壓落去，規模同影響喺當時唔算太大。但係因為宋江帶領梁山泊好漢起義嘅事件後來不斷畀人改編為文藝作品，故事越編越豐富，其中施耐庵寫嘅呢部《水滸傳》更加係家喻戶曉，成為中國四大古典名著之一，所以反而成咗北宋時期最著名嘅一次起義事件。

名妓 李師師

花和尚 魯智深

責任編輯：馮孟琦
裝幀設計：郭梓琪
排　　版：肖　霞
責任校對：趙會明
印　　務：龍寶祺

全粵語水滸傳（音頻精選版）

原　　著：施耐庵
改　　編：李沛聰
繪　　畫：李卓言
出　　版：商務印書館（香港）有限公司
香港筲箕灣耀興道 3 號東匯廣場 8 樓
http://www.commercialpress.com.hk
發　　行：香港聯合書刊物流有限公司
香港新界荃灣德士古道 220-248 號荃灣工業中心 16 樓
印　　刷：永經堂印刷有限公司
香港新界荃灣德士古道 188-202 號立泰工業中心第 1 座 3 樓
版　　次：2024 年 10 月第 1 版第 1 次印刷

ISBN 978 962 07 5975 8
Printed in China